3.-8. Schuljahr

Gabriela Rosenwald

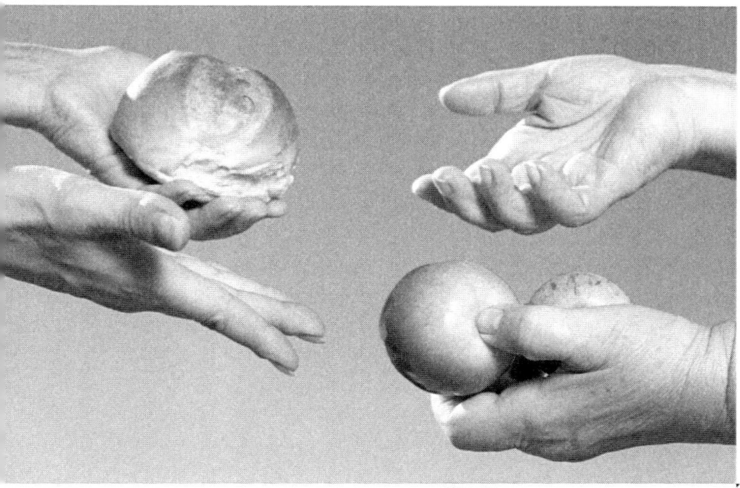

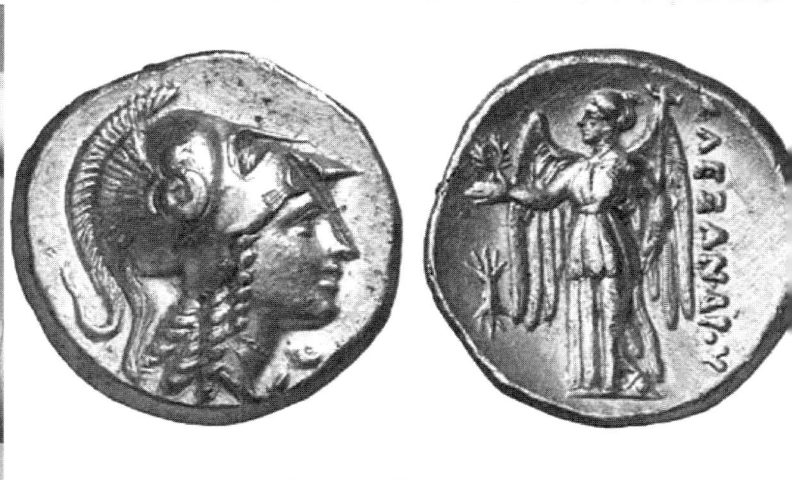

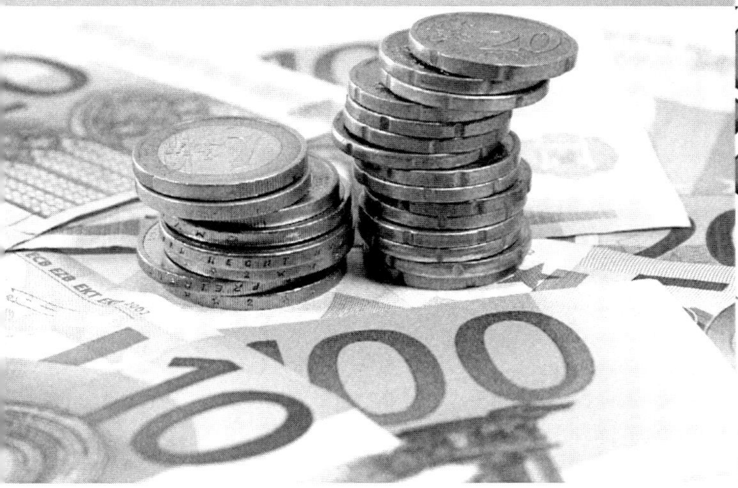

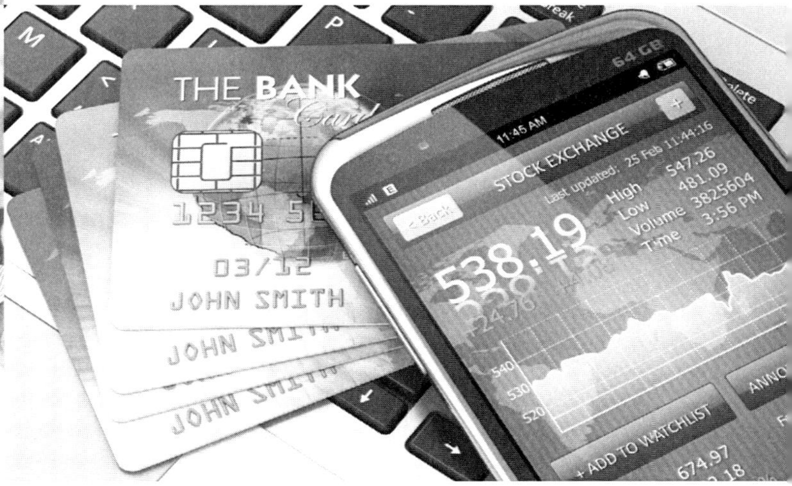

Lernwerkstatt

Die Geschichte des Geldes

Vom Tauschhandel zur Kreditkarte

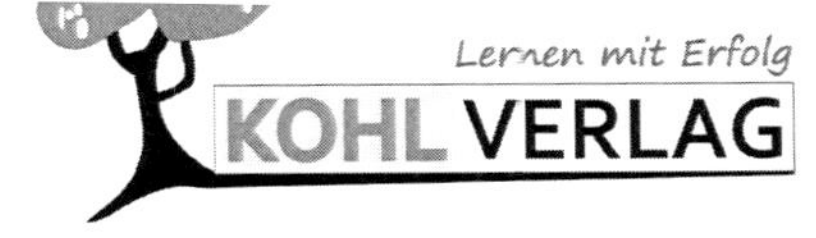

www.kohlverlag.de

Lernwerkstatt Die Geschichte des Geldes

Vom Tauschhandel zur Kreditkarte

8. Auflage 2023

Inhalt: Gabriela Rosenwald
Umschlagbilder: fotolia.com
Redaktion: Kohl-Verlag
Grafik & Satz: SATZPUNKT Ursula Ewert GmbH & Kohl-Verlag
Druck: farbo prepress GmbH, Köln

Bestell-Nr. 11 504

ISBN: 978-3-95513-833-2

Bildquellen:

auf allen Seiten oben links/rechts: © eyetronic - AdobeStock.com; Symbole Einzel-, Partner- & Gruppenarbeit ***(auf allen Seiten)*:** © ronnarid; **Seite 2:** © Africa Studio - AdobeStock.com; **Seite 7:** © HeGraDe - AdobeStock.com; **Seite 11:** © Konstanze Gruber - AdoeStock.com; **Seite 13:** © Konstanze Gruber - AdoeStock.com; **Seite 15:** © carlomorino - wikimedia commons; **Seite 16:** © Magnus Manske - wikimedia commons; **Seite 19:** © KS & Fallschirmjaeger - wikimedia commons; **Seite 20:** © 4th Life Photography - AdobeStock.com; **Seite 24:** © carlomorino - wikimedia commons; **Seite 26:** © Aramgutang - wikimedia commons; **Seite 27:** © tuxyso - wikimedia commons; **Seite 28:** © Niki_K & Obersachse - wikimedia commons; **Seite 29:** © freshidea - AdobeStock.com; **Seite 30:** © laguna35 - AdobeStock.com; **Seite 31:** © SKfoto - AdobeStock.com; **Seite 33:** © Mymemo - AdobeStockcom; **Seite 34:** © Ö foto_tech - AdobeStock.com; **Seite 35:** © HeGraDe & janvier - AdobeStock.com; **Seite 38:** © photocrew - AdobeStock.com; Herrik Till Westermayer - wikimedia commons; **Seite 39:** © tuxyso, Magnus Manske, Fallschirmjaeger & Niki_K - wikimedia commons; HeGraDe, taddle & Ruslan - AdobeStock.com; **Seite 45:** © Niki_K - wikimedia commons;

Inhalt

KOHL VERLAG Lernwerkstatt Die Geschichte des Geldes Vom Tauschgeschäft zur Kreditkarte – Bestell-Nr. 11 504

Inhalt

Seite

KOHL VERLAG Lernwerkstatt Die Geschichte des Geldes Vom Tauschgeschäft zur Kreditkarte – Bestell-Nr. 11 504

Vorwort

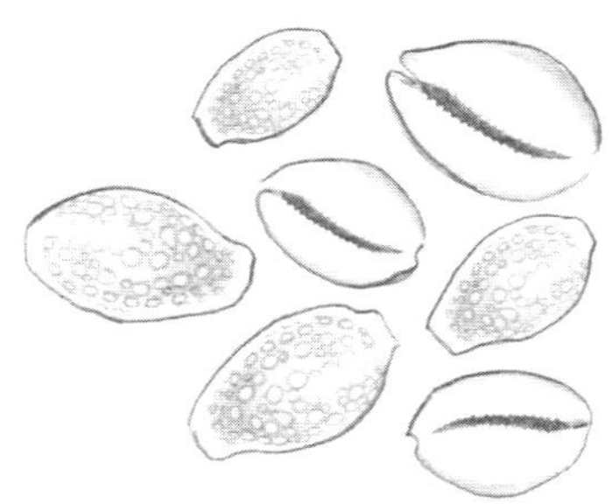

Liebe Kolleginnen und Kollegen,

das Bezahlen mit Bargeld, die Überweisung von Konto zu Konto oder das Einkaufen mit der Kreditkarte – dies alles ist für uns völlig normal. Und auch an den Euro haben wir uns inzwischen gewöhnt.

Doch wie haben die Menschen früher bezahlt? Das Geld hat sich im Laufe der Geschichte vielfach verändert. Seine grundlegenden Aufgaben sind dagegen weitgehend gleich geblieben. Geld ist ein Mittel zum Tausch, das Werte bewahren soll und gleichzeitig als Recheneinheit dient – so die Definition von Geld.

Der Grund ist der offensichtliche Vorteil des Geldes. Wenn der Fischer eine Hose braucht, muss er nicht erst einen Schneider finden, der im Tausch seine Fische haben möchte. Er verkauft seinen Fang einfach gegen Geld und erwirbt damit später das, was er selber benötigt.

Ohne Geld wäre unsere heutige Wirtschaft nicht mehr vorstellbar. Verteilen Sie in Ihrer Klasse mal zur Hälfte Vollkornbrot mit Leberwurst und zur anderen Hälfte krosse Brötchen mit Nussnougatcreme. Ganz schnell tritt zutage, wie schwierig Tauschgeschäfte sind!

Zur Geld-Geschichte gehört natürlich auch Geschichte, und zum Geld gehört ebenfalls ein wenig Rechnen. Doch Ihre Schüler werden die vielen verschiedenen Aufgaben wie Malen, Rätseln, Puzzlen, Forschen und Rollenspiele bestimmt interessieren!

Viel Freude und Erfolg beim Einsatz der vorliegenden Kopiervorlagen wünschen Ihnen der Kohl-Verlag und

Gabriela Rosenwald

• *Mit Schülern bzw. Lehrern sind im ganzen Band selbstverständlich auch die Schülerinnen und Lehrerinnen gemeint.*

Bedeutung der Symbole:

Schreibe ins Heft / in deinen Ordner

Arbeitspass

Name: ______________________________ Klasse: ________________

Nr.	Thema	begonnen	erledigt

KOHL VERLAG Lernwerkstatt Die Geschichte des Geldes Vom Tauschgeschäft zur Kreditkarte – Bestell-Nr. 11 504

Einführung

Das Geld und wir – Wir und unser Geld

Heute könnten wir ohne Geld gar nicht mehr auskommen, unsere gesamte Wirtschaft würde nicht funktionieren. Für viele Dinge müssen wir Geld bezahlen: Essen, Trinken, Miete für die Wohnung, Strom, Wasser, Müllabfuhr, Fernsehen, Handy, Internet, Versicherungen, Auto, Benzin … .

Es gibt aber auch Dinge, die man für Geld nicht kaufen kann: Freundschaft, Gesundheit .

Das war früher entschieden einfacher. Es gab weder Strom noch Autos, kein Handy, Telefon und Internet. Die erjagten Tiere lieferten Fleisch und Leder für die Kleidung, Gemüse und Obst baute jeder selber an. Hütten wurden aus Stroh, Holz oder Lehm gebaut, einfach was verfügbar war.

Diskussion:
Was meint ihr? War das Leben ohne Geld wirklich problemloser? Könnt ihr euch ein Leben ohne fließend Wasser, Fernsehen, Handy und Internet vorstellen? Worauf könntet ihr verzichten? Berichtet!

Taschengeld – was bedeutet euch Geld heute?

Es dauerte lange, bis wir zu dem Geld fanden, wie wir es heute kennen. Doch auch der Umgang mit dem heutigen Geld will gelernt sein. Um das rechtzeitig zu üben, bekommen Kinder und Jugendliche Taschengeld. So müssen sie selbst entscheiden, was sie sich leisten können und was nicht, und tragen dafür auch die Verantwortung. Die Höhe des Taschengeldes ist in erster Linie davon abhängig, über welches Einkommen die Eltern verfügen. Wird z.B. ein Elternteil arbeitslos, müssen auch die Kinder zurückstecken.

Natürlich ist die Höhe des Taschengeldes auch danach festzusetzen, welche Ausgaben die Kinder und Jugendlichen davon bezahlen sollen. Jüngere Kinder bekommen ihr Taschengeld meist jede Woche, ältere Schüler müssen auch lernen, ihr Geld einen ganzen Monat einzuteilen.

Wenn das Taschengeld hinten und vorne nicht reicht, gibt es die Möglichkeit, durch Arbeit etwas hinzu zu verdienen. Für Schüler bieten sich Babysitten oder Zeitungen austragen oder ähnliches an.

Diskussion:
Wofür gebt ihr euer Taschengeld aus? Wie fangt ihr es an, dass es den ganzen Monat reicht?

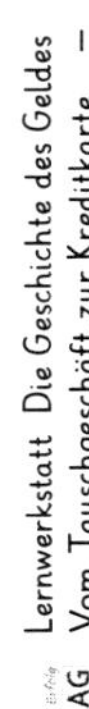
KOHL VERLAG Lernwerkstatt Die Geschichte des Geldes Vom Tauschgeschäft zur Kreditkarte – Bestell-Nr. 11 504

I. Vor dem Geld – der Naturaltausch

In der Jungsteinzeit (vor etwa 12.000 Jahren) begannen die Menschen, Getreide anzubauen und Vieh zu halten. Aus den Nomaden wurden sesshafte Menschen, die in Dörfern zusammenlebten. Bald fand man, dass einige Menschen besser als Handwerker und andere besser als Bauern geeignet waren. So versorgte sich nicht mehr jeder selbst, sondern tauschte die Produkte, die er hergestellt oder angebaut hatte gegen die, die er brauchte. Allerdings waren einige Waren zum Tauschen sehr unpraktisch. Wenn z.B. Schreiner einen Schrank baute und ein Bauer dafür 10 Töpfe Milch gab, war der Schrank zwar bezahlt, aber die Milch wurde sauer, bevor der Schreiner sie trinken konnte. Also mussten Waren her, die nicht verderben konnten.

Zuerst benutzte man Tiere zum Handeln. Man konnte sie schlachten, sie gaben Milch oder legten Eier und behielten ihren Wert. Aber es war eine unpraktische Angelegenheit, sie mussten gefüttert werden und machten Mist.

Aufgabe 1: *Setze die Begriffe passend ein.*
Es gelten auch mehrere Nennungen.

Milch, Gemüse, Fischnetz, Fleisch, Felle, Fische, Schrank, Tisch, Getreide, Eier, Pelze, Kleidung, Waffen

Was bietet der
Jäger ______________________ _
Fischer ______________________ _
Bauer ______________________ _
Tischler / Schreiner ______________________ _

Was braucht der
Jäger ______________________ __
Fischer ______________________ __
Bauer ______________________ __
Tischler / Schreiner ______________________ __

Lernwerkstatt Die Geschichte des Geldes
Vom Tauschgeschäft zur Kreditkarte – Bestell-Nr. 11 504

II. Tauschhandel heute

Auch heute gibt es noch Tauschhandel. Aber genau wie damals muss man dabei aufpassen, dass man nicht „über den Tisch gezogen" wird, d. h. ein schlechtes (Verlust) Geschäft macht. Das, was du abgibst, sollte ungefähr den gleichen Wert haben, wie das, was du bekommst.

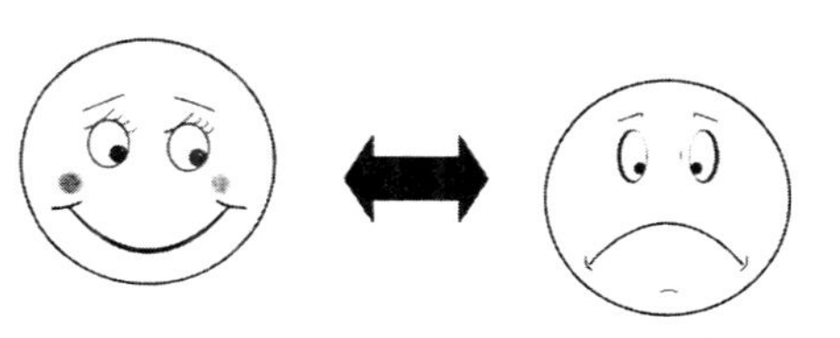

EA

Aufgabe 1: *Male die Gegenstände auf und entscheide, ob der Tausch für dich günstig, ungünstig oder gerecht ausfallen würde. Male das richtige Smiley in das Kästchen am Ende jeder Reihe.*

☺ guter Tausch	😐 schlechter Tausch	☹ gleichwertiger Tausch

Du tauschst:

Birne	gegen	Apfel	
Fahrrad	gegen	Inlineskater	
T-Shirt	gegen	Tafel Schokolade	
Eis	gegen	Kappe	
CD	gegen	Rucksack	
Schuhe	gegen	Sporthose	
Bleistift	gegen	Füller	

II. Tauschhandel heute

EA

Aufgabe 2: *Tauschen mit Trick*

Anna Müller hat ein Fahrrad, das sie nicht mehr braucht. Dafür hätte sie gerne ein Handy. Was muss Anna tauschen, um an ihr Ziel (das Handy) zu kommen? Lies alle Angebote und nummeriere sie dann in der richtigen Reihenfolge.

A

Biete Damenfahrrad, suche Handy!

Anna Müller, Dorfstraße 87

☐

B

Möchte altes Mofa gegen Motorradhelm tauschen

Kai Bergmann, Am Stadtpark 7

☐

C

Damenfahrrad im Tausch gegen elektrische Eisenbahn gesucht! Eilt!

Andrea Stein

Tel. 664367

☐

D

Suche elektrische Eisenbahn, biete Swimmingpool, Durchmesser 3 Meter!

Jasmin Früh

Tel. 6546 02

☐

E

Wer tauscht Notebook gegen Kamera?

Tobias Schmitz

Tel. 88 66 44

☐

F

Wer tauscht einen Swimmingpool gegen ein Handy?

Kerstin Schulze

Langer Weg 13

☐

Lernwerkstatt Die Geschichte des Geldes
Vom Tauschgeschäft zur Kreditkarte – Bestell-Nr. 11 504

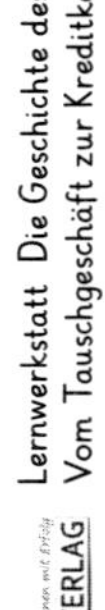

III. Das verschiedene Naturalgeld

So war es etwa 6000 Jahre v. Chr.

Die Menschen in aller Welt nutzten unterschiedliche Dinge zum Handeln. So waren Kaurimuscheln vor ca. 4 000 Jahren in China, Nordafrika und Südostasien ein beliebtes Zahlungsmittel. Sie besaßen schon viele Eigenschaften des heutigen Geldes – sie waren klein, leicht zu zählen und zu transportieren und es gab nicht zu viele davon.

In vielen anderen Gebieten wurden Werkzeuge und Waffen wie Äxte, Speerspitzen und Messer, aber auch Salz bevorzugt. Das war eine Art von Zwischentauschhandel. Der Jäger in Nordamerika tauschte seine Felle gegen Salz. Dieses Salz war als Tauschmittel auch von anderen Geschäftspartnern begehrt. So konnte er es gegen die benötigten Speerspitzen eintauschen. Man wusste, wie viel Salz für ein Tuch abzuwiegen war, oder wie viele Perlen es kostete. Trotzdem war der Wert des Salzes von Gegend zu Gegend unterschiedlich. In Regionen mit Salzvorkommen zum Beispiel hatte Salz einen geringen Wert. Wo Salz selten war, hatte es einen hohen Wert.

In Mikronesien benutzte man Steingeld, Schmuckgeld war um den Südpazifik im Gebrauch. Mit Muscheln zahlte man in Afrika und China, in Mittelamerika mit Kakaobohnen. In Tibet bezahlte man bis Mitte des 20. Jahrhunderts oft mit Gerste oder Weizen. Metalle wie Kupfer, Silber und Gold waren ebenfalls beliebtes Naturalgeld, denn auch sie sind selten, haltbar und gut zu transportieren. Noch im letzten Jahrhundert konnte man im Sudan für eine Kauri eine Handvoll Bohnen, eine Schale Trinkwasser oder eine Zwiebel bekommen.

Übrigens gab es schon vor etwa 4 000 Jahren das erste „Falschgeld". Es waren aus Knochen, Gestein oder Jade nachgeahmte Muscheln, als diese das erste chinesische Zahlungsmittel waren.

EA

Aufgabe 1: *Welche drei Eigenschaften sollte Geld haben? Notiere und erkläre.*

a) ______________________________

____

b) ______________________________

____

c) ______________________________

____

KOHL VERLAG Lernwerkstatt Die Geschichte des Geldes Vom Tauschgeschäft zur Kreditkarte – Bestell-Nr. 11 504

III. Das verschiedene Naturalgeld

EA

Aufgabe 2:

Finde 17 Dinge im Wortsuchspiel, die früher als „Geld" verwendet wurden.

C	E	S	U	J	P	L	I	G	O	L	D	B	E	S	Z	Ö	O
V	K	A	U	R	I	S	C	H	N	E	C	K	E	N	B	K	S
W	J	Ä	X	T	E	C	T	M	I	O	J	H	M	K	E	A	T
M	E	S	U	J	K	O	E	F	B	R	T	B	U	U	D	K	E
S	C	H	M	U	C	K	G	E	L	D	U	E	S	P	Z	A	I
I	G	B	E	D	A	L	H	L	A	Q	C	D	C	F	I	O	N
L	E	E	S	D	P	E	R	L	E	N	H	U	H	E	Q	B	G
B	R	D	S	E	V	E	D	E	K	O	Ü	J	E	R	R	O	E
E	S	Z	E	C	E	D	U	K	D	W	S	A	L	Z	C	H	L
R	T	F	R	A	Q	T	R	I	U	O	W	S	N	G	E	N	D
L	E	E	D	S	P	E	E	R	S	P	I	T	Z	E	N	E	K
S	W	O	W	E	I	Z	E	N	L	S	E	D	D	A	W	N	L

EA

Aufgabe 3: *Wo bezahlte man womit? Lies den Text genau, schneide die Kärtchen unten aus und klebe sie richtig auf die Weltkarte.*

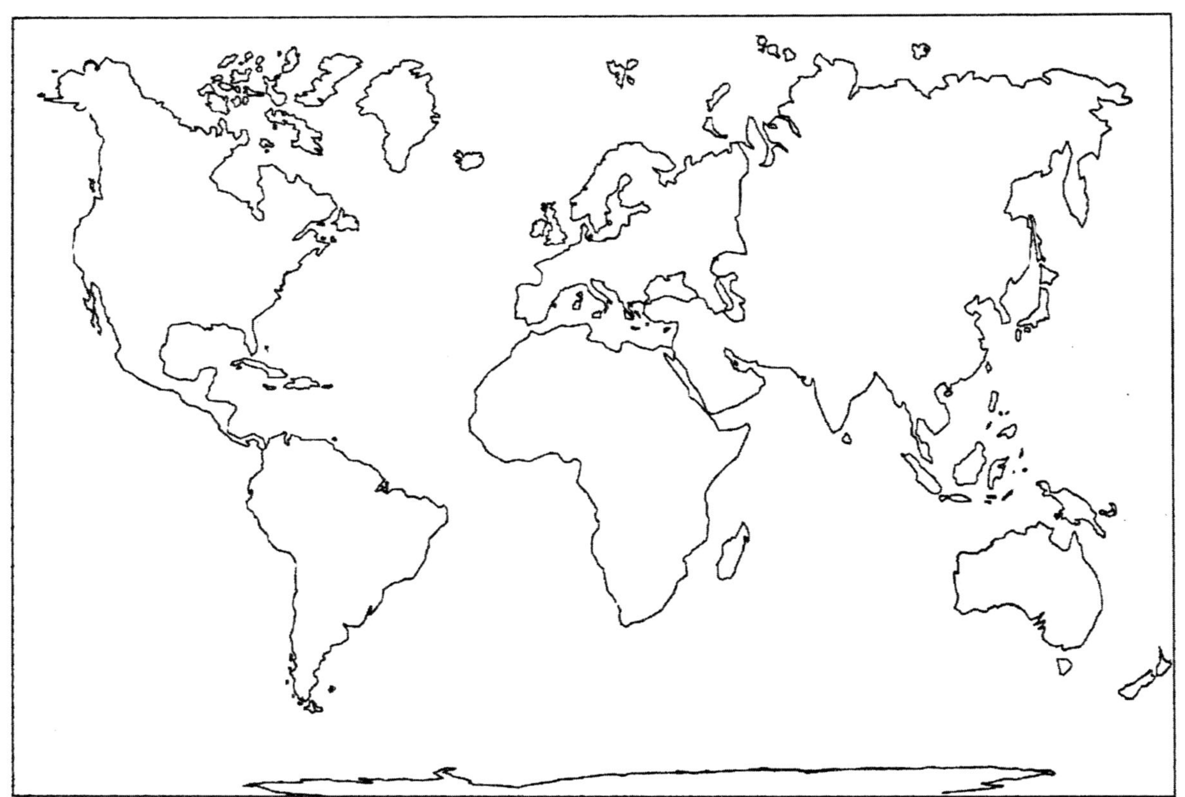

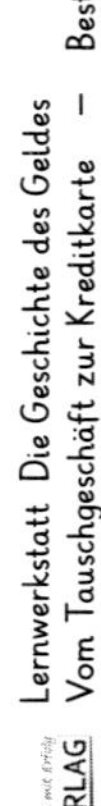

Lernwerkstatt Die Geschichte des Geldes
Vom Tauschgeschäft zur Kreditkarte – Bestell-Nr. 11 504

III. Das verschiedene Naturalgeld

EA

Aufgabe 4: *Was würdest du tauschen?*

Was war etwa gleich viel wert? Schneide die Kärtchen aus. Klebe die Dinge, die du als gleichwertig ansiehst, nebeneinander auf ein Blatt.

3 Speerspitzen	1 Kuh	10 Hühner
1 Dromedar	1 Bärenfell	2 Schafe
1 Fischernetz	6 Fische	1 Kanne Milch
50 Kaurimuscheln 	1 Sack Bohnen 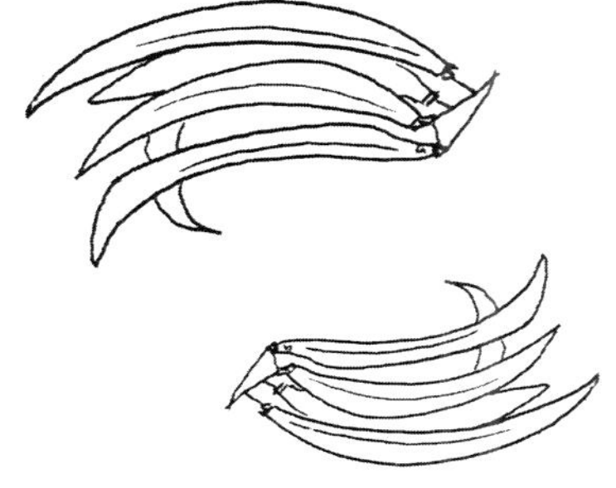	1 Sack Salz 

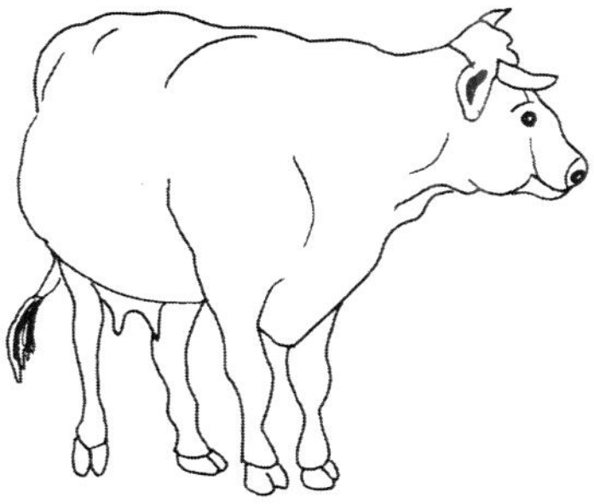

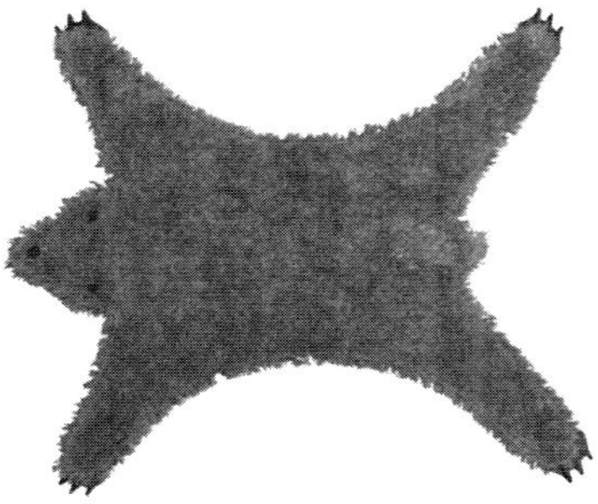

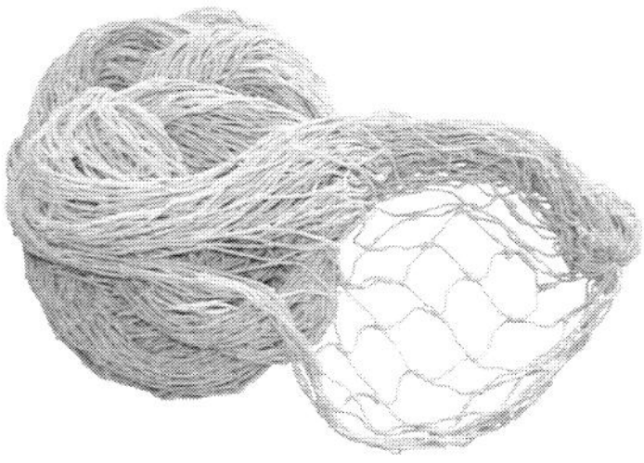

KOHL VERLAG Lernen mit Erfolg
Lernwerkstatt Die Geschichte des Geldes
Vom Tauschgeschäft zur Kreditkarte – Bestell-Nr. 11 504

IV. Hack- und Wägegeld

Zur Herstellung des ersten Metallgeldes wurden Kupfer, Silber oder Gold in Barren, Ringe oder Stäbe gegossen. Bei Bedarf „hackte" man ein entsprechend großes Stück ab. Dann musste es gewogen werden, um den genauen Wert zu ermitteln. Nun konnte man die gewünschten Produkte eintauschen. Auch hier gab es aber wieder ein Problem – bei jedem Tauschhandel musste eine Waage vorhanden sein, um das exakte Gewicht des Metallgeldes zu ermitteln. Ringe, Stäbe und Barren waren damals natürlich auch nicht so exakt geformt wie heute! Kupfer, Silber oder Gold wurden geschmolzen und in kaltes Wasser gegossen, ähnlich wie wir es vom Bleigießen an Silvester kennen.

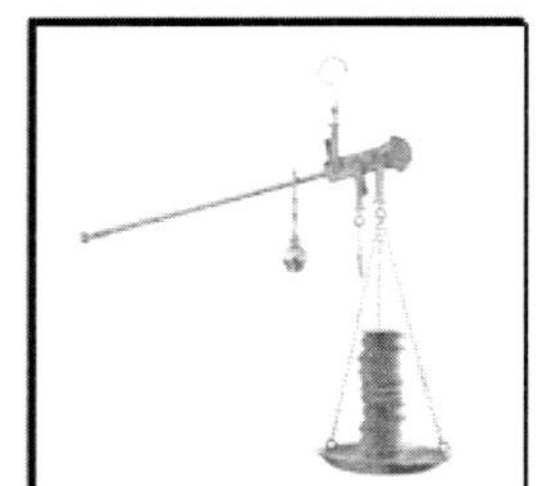

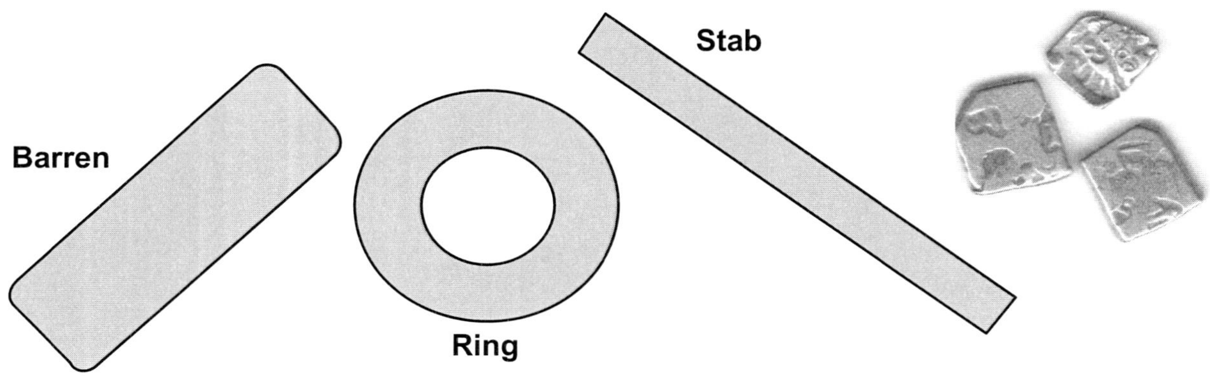

<u>Aufgabe 1:</u> *Zeichne die richtige Bezahlung auf.*
*Male <u>Gold</u> **gelb** an, <u>Silber</u> **grau** und <u>Kupfer</u> **rot**.*

Für 10 Ellen[1] Tuch musste man 1/2 Barren Silber bezahlen.	Für ein Bärenfell war der dritte Teil eines Ringes Gold fällig.	3 Hühner gab es für einen Viertel Stab Kupfer.

[1] *Die Elle ist ein altes Längenmaß. Sie wurde von der Spitze des Mittelfingers bis zum Ellenbogen gemessen. Da die Menschen unterschiedlich groß waren, war die Elle auch ziemlich unterschiedlich. Im deutschen Raum reichte eine Elle von knapp 60 bis über 80 cm.*

Lernwerkstatt Die Geschichte des Geldes
Vom Tauschgeschäft zur Kreditkarte – Bestell-Nr. 11 504
KOHL VERLAG

V. Die ersten Münzen im 7. Jahrhundert v. Chr.

Die Lyder als Pioniere

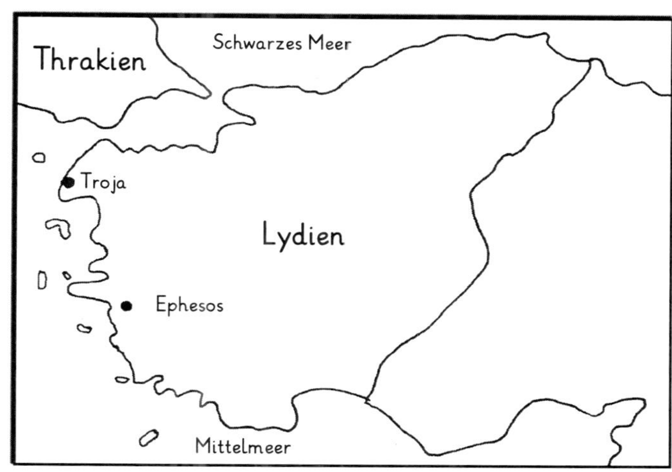

Es waren wahrscheinlich die Lyder, die im 7. Jahrhundert vor Christus im Gebiet der heutigen Türkei die ersten Münzen fertigten. Herrscher dieses Reiches war König Krösus, der als unglaublich reich galt. Daher stammt auch der Ausdruck „reich wie Krösus".

Es wurden einheitlich große Stücke aus einer Gold-Silber-Mischung hergestellt und mit dem Wappen des lydischen Königs Krösus versehen. Mit dem Wappen auf der Münze wurden das Gewicht und der Wert vom König garantiert.

Nun musste man nicht mehr unterschiedlich große Stücke abwiegen, um den Wert zu ermitteln. Es genügte, die Münzen zu zählen. Da solche Münzen allerdings sehr leicht nachgemacht werden konnten, übernahmen bald die Regierungen die Herstellung. Die Münzen wurden mit Staatlichen Siegeln versehen und es wurde angeordnet, dass nur Menschen mit einer entsprechenden Vollmacht Münzen prägen durften. So entstand das Münzrecht.

Lydische Goldmünzen

EA

Aufgabe 1:

a) *Male auf der Karte oben das Mittelmeer, das Schwarze Meer und Lydien farbig an!*

b) *Welche heutigen Staaten haben Anteil an Thrakien?*

c) *Wie stellst du dir weitere Münzen in dieser Zeit vor? Zeichne.*

d) *Wer war Krösus?*

e) *Auch heute gibt es sehr reiche Leute. Wer war Rockefeller? Wer ist Bill Gates?*

EA

Aufgabe 2: *Aus Gips oder schnell trocknender Knetmasse könnt ihr auch selber Münzen herstellen. Rollt Kugeln von etwa 2 cm Durchmesser und drückt sie ein wenig platt. Dann könnt ihr sie „prägen".*

Lernwerkstatt Die Geschichte des Geldes – Vom Tauschgeschäft zur Kreditkarte – Bestell-Nr. 11 504
KOHL VERLAG

VI. Die Griechen und die Römer

Auch die Griechen fanden Münzen bald recht sinnvoll. In allen wichtigen Handelsstädten entstanden Münzzentren. Allerdings galten diese Münzen nur in sehr kleinen Gebieten. So hatte jeder einzelne griechische Stadtstaat eigene Münzen, die ständig getauscht werden mussten. Wenn ein Händler von Athen nach Sparta reiste, um dort seine Geschäfte zu machen, musste er seine Münzen umtauschen

Dies änderte sich zum ersten Mal im 4. Jahrhundert v. Chr., als **Alexander der Große** sein Weltreich eroberte. Er führte im ganzen Reich einheitliche Gold- und Silbermünzen ein, die aus den Schätzen, die er auf seinen Eroberungsfeldzügen eingetrieben hatte, entstanden. Diese Währungsreform kurbelte den Handel im gesamten Reich an. Nach Alexanders Tod teilten seine Nachfolger das Reich unter sich auf. So verlor das Geld an Wert.

Das nächste größere Geldsystem führten die Römer im 2. Jh. v. Chr. ein. Ihr Geld war allerdings sehr kunterbunt gemischt, da es viele verschiedene Münzen gab.

Kaiser Augustus führte um die Zeitenwende einheitliche Münzen für das ganze Reich ein. Er hielt das Geld sogar für so wichtig, dass er die Prägung der Gold- und Silbermünzen als alleiniges Recht des Kaisers erklärte. So entstand zum ersten Mal eine „Währung". Er ordnete auch das Münzsystem neu:

Auf den römischen Münzen wurden auf der einen Seite meist ein Herrscherbild und auf der anderen Götter, wichtige Ereignisse oder Bauten dargestellt. Nachdem das Weströmische Reich von den Germanen besiegt wurde, verschwand auch das römische Geld.

EA

Aufgabe 1: *Die Griechen und die Römer werden zu den frühen „Hochkulturen" gezählt.*

a) Was versteht man unter einer Hochkultur?

____

____

____

b) Welche weiteren frühen Hochkulturen gab es?

____

____

____

KOHL VERLAG Lernwerkstatt Die Geschichte des Geldes Vom Tauschgeschäft zur Kreditkarte – Bestell-Nr. 11 504

VI. Die Griechen und die Römer

EA

Aufgabe 2:

a) *Finde heraus: Wann lebte Alexander der Große?*

b) *Male das Mittelmeer, das Schwarze Meer und das Kaspische Meer* ***blau*** *an!*

c) *Nenne mindestens 5 heutige Staaten, die damals zu Alexanders Reich gehörten.*

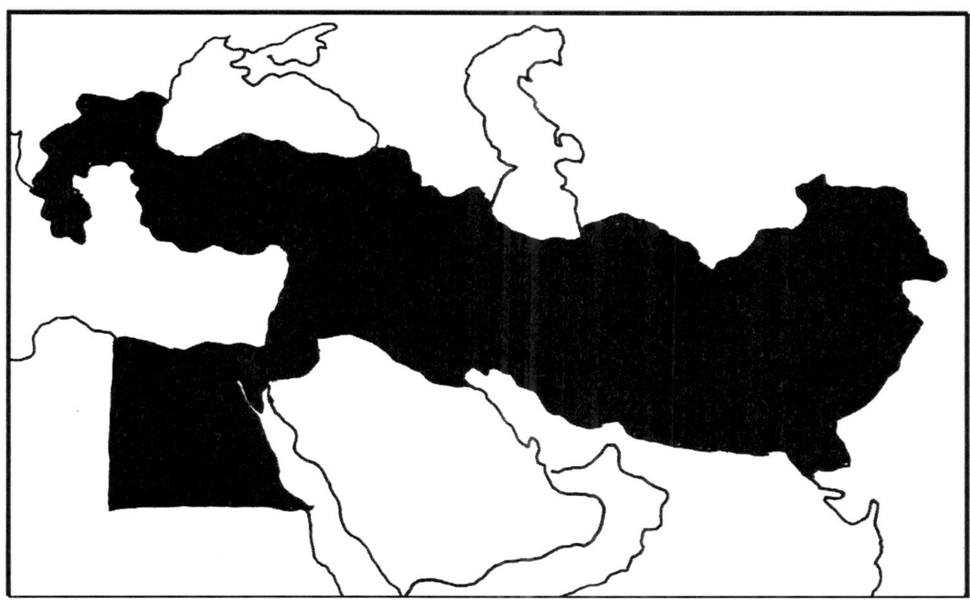

EA

Aufgabe 3:

a) *Finde heraus: Wann lebte Kaiser Augustus?*

b) *Male das Mittelmeer, das Schwarze Meer, die Nordsee und den Atlantik* ***blau*** *an!*

c) *Nenne mindestens 7 heutige Staaten, die damals zu Augustus´ Reich gehörten.*

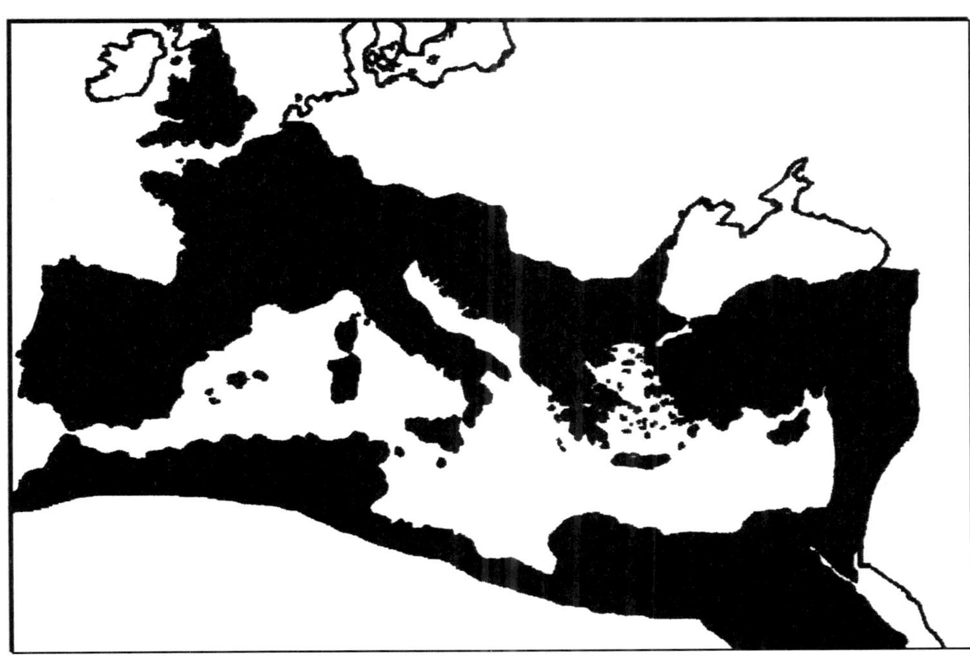

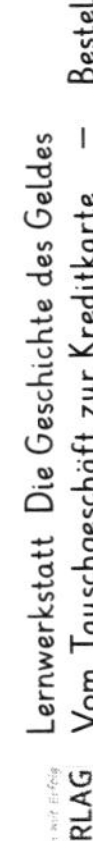
KOHL VERLAG
Lernwerkstatt Die Geschichte des Geldes
Vom Tauschgeschäft zur Kreditkarte – Bestell-Nr. 11 504

VII. Eine gemeinsame Währung im Frankenreich

Das 8. Jahrhundert

Das erste einheitliche Münzsystem nach den Römern wurde von den Franken eingeführt: Pippin der Jüngere, Herrscher über das Frankenreich, wollte den Handel vereinfachen und reformierte das Münzwesen: Er stellte es um 750 unter staatliche Aufsicht und hob die privaten Münzrechte auf. Das sollte Betrügern das Handwerk legen.

Sein Sohn Karl (der Große) setzte die Reformen fort: Um das umständliche Umrechnen beim überregionalen Handel zu beenden, führte er 793/794 den Denar als Währung ein – in einheitlichem Gewicht, einheitlicher Größe und mit garantiertem Feingehalt an Silber. Damit war in Westeuropa die erste gemeinsame Währung begründet. Man benannte sie nach der römischen Silbermünze Denarius. Das bedeutet Pfennig.

Das Geldwesen im Mittelalter war insgesamt sehr unübersichtlich, da jeder kleine Staat seine eigenen Münzen prägte und fast jeder neue Herrscher das Geldwesen nach seien Vorstellungen neu formierte. Am Anfang des Mittelalters wurde Geld nur für den Fernhandel benutzt, da z.B. die Bauern wieder Tauschhandel betrieben und ihre Abgaben in Naturalien leisteten.

EA

Aufgabe 1: *Forscht nach:*

a) *Wann lebte Pippin, der Jüngere?*

____

b) *Wann lebte Karl der Große?*

____

c) *Male Nordsee, Ostsee, Atlantik und das Mittelmeer blau an.*

d) *Welche heutigen Staaten gehörten zum Frankenreich? Nenne 4 Länder.*

____

____

____

____

Lernwerkstatt Die Geschichte des Geldes
Vom Tauschgeschäft zur Kreditkarte – Bestell-Nr. 11 504

VIII. Viele verschiedene Pfennige

Das 9. Jahrhundert

Schon Karls Sohn Ludwig der Fromme machte allerdings die Neuerungen zum Teil wieder rückgängig: Der Pfennig blieb zwar als Währung erhalten, allerdings bekamen ab 814 auch Bistümer und Abteien und Orden das Münzrecht. Neben dem König durften auch Herzöge und Grafen prägen. Sobald Orte das Stadtrecht erhielten, durften sie ebenfalls ihre eigenen Münzen prägen.

Nach dieser Erweiterung des Münzrechts war auch die Einheit des Pfennigs dahin: Silberpfennige unterschieden sich wieder in Gewicht, Metallgehalt und Münzbildern. Wer ehrlichen Handel betreiben wollte, musste die unterschiedlichen Werte der regionalen Pfennige „auf Heller und Pfennig" berechnen. So nannte man den Haller Pfennig aus Schwäbisch Hall „Heller", da er nur einen halben Pfennig wert war. Mit ihm zahlte man noch bis ins 19. Jahrhundert in Bayern.

EA

Aufgabe 1: *Erkläre das Münzrecht. Wer durfte alles Münzen prägen?*

____

____

____

____

Aufgabe 2: *Setze die verschiedenen Münzpräger passend in das Wortgitter ein. Die Buchstaben in den markierten Feldern verraten dir einen Geldwert, der im Süden der deutschen Länder benutzt wurde. Die Anfangsbuchstaben sind als Hilfe eingetragen.*
(ö = oe, ä = ae ü = ue)

				K					
			G						
	S								
B									
	H								
	A								
			O						

Lernwerkstatt Die Geschichte des Geldes Vom Tauschgeschäft zur Kreditkarte – Bestell-Nr. 11 504
KOHL VERLAG

IX. Das erste Papiergeld

Das 10. Jahrhundert

Eiserne Münzen waren im 10. Jahrhundert die Währung in China. Der Wert des Eisens war gering und der Transport der schweren Münzen schwierig. Auch war das Zählen der vielen Münzen bei wertvollen Waren aufwändig. So deponierte man das Geld einfach in den Geschäften und erhielt dafür Depotscheine. Da diese keine Unterschrift trugen, waren sie übertragbar und damit die Vorläufer des Papiergeldes.

Anfang des 11. Jahrhunderts schlossen sich Kaufleute zusammen und gaben eine Art Papiergeld aus. Als Fälschungsschutz wurden darauf Figuren und Begebenheiten zweifarbig dargestellt und mit Geheimzeichen versehen. Wer Papiergeld besaß, sollte es aber auch wieder in Münzen einlösen können. Daher mussten die Kaufleute ständig kontrollieren, ob auch tatsächlich die entsprechende Menge Münzgeld in ihrem Depot lag, ob also das Papiergeld die nötige Deckung in Münzen hatte.

EA

Aufgabe 1: *Trage die passenden Begriffe auf den Linien ein. Übertrage diese eingetragenen Begriffe dann auch ins Kreuzworträtsel. Die Buchstaben in den grau hinterlegten Kästchen ergeben ein Lösungswort.*

1. Das ______________ in China war aus Eisen.
2. Deswegen waren sie sehr ________________ .
3. Das ________________ der Münzen war insbesondere bei teuren Waren sehr aufwändig.
4. In Geschäften konnte man einen ____________________________ erhalten.
5. Diese Scheine kann man als ______________________ des Papiergeldes bezeichnen.
6. Diese Scheine gaben die __________________________ aus.
7. Es war mit einem Geheimzeichen ____________________ .
8. Papiergeld konnte in Münzen umgetauscht werden. Die Kaufleute mussten ständig ____________________ , ob sich die entsprechende Menge Münzgeld in ihrem Depot befand.
9. Ereignisse und ____________________ wurden ebenfalls als .....
10. ..... ______________________________ aufgedruckt.
11. So entstand das das erste ____________________________ .

1
2
3
4
5
6
7
8
9
10
11

KOHL VERLAG
Lernwerkstatt Die Geschichte des Geldes Vom Tauschgeschäft zur Kreditkarte – Bestell-Nr. 11 504

IX. Das erste Papiergeld

Das 15. Jahrhundert: Europa bekommt Papiergeld

Das erste Papiergeld in Europa wurde 1483 in Spanien ausgegeben. Da nicht genügend Münzen vorhanden waren, stellte man Zettel mit Wertangabe und Siegel aus. Eine Annahmepflicht schrieb vor, dass jeder diese Quittungen als Zahlungsmittel akzeptieren musste. 1609 gab auch die Bank von Amsterdam Papiergeld aus und 1661 eine Privatbank in Stockholm.

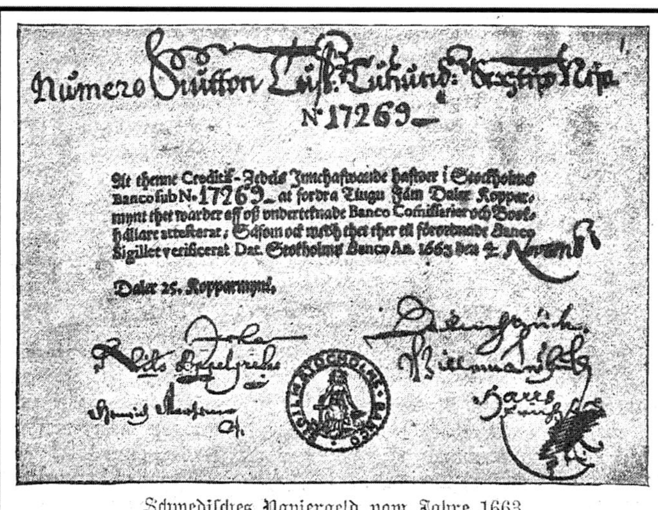

Schwedisches Papiergeld vom Jahre 1663.

Viel Vertrauen schenkte man diesen sogenannten Banknoten anfangs nicht, da der Materialwert des Papiers nicht dem aufgedruckten Wert entsprach, wie das beim Münzgeld der Fall war. Daher hatte jeder das Recht, die Scheine in Gold- und Silbermünzen zurückzutauschen. In Paris gab es unter Finanzminister John Law von 1718–1720 Banknoten. Das war allerdings nicht von Erfolg gekrönt. Sachsen und Preußen verwendeten im 18. Jh. Staatspapiere und Tresorscheine. In Wien gab es um 1800 die ersten Banknoten. Erst im 19. Jahrhundert wurden Banknoten auch in Deutschland eingeführt und als Zahlungsmittel neben der Münze akzeptiert. Der Vorteil war eindeutig: 1000 silberne Taler wogen 18 Kilogramm, zwei Banknoten über 500 Taler nur wenige Gramm. Dem Papiergeld vertraute man, weil die Banken versichern mussten, entsprechend viel Münzgeld als Wertedeckung zu besitzen.

EA

Aufgabe 2: *Hier ist ja ganz schön was durcheinander! Korrigiere die folgenden Sätze, sodass sie inhaltlich mit dem Infotext übereinstimmen. Lies hierzu den Text oben noch einmal genau durch.*

A	Das erst europäische Papiergeld gab es in Griechenland.
B	Das war im Jahre 1438.
C	1609 gab es Papiergeld von einer Bank in Schottland.
D	1661 druckte auch die Bank von Amsterdam die ersten Noten.
E	Der französische Finanzminister verteilte zwischen 1716 und 1726 erfolgreich Banknoten.
F	Im 18. Jahrhundert gab es in Sachsen und Preußen Staatszettel und Tresorblättchen.
G	In Wien (in der Schweiz) gab es um 1800 Papiergeld.
H	In Deutschland gab es bis zum 20. Jahrhundert keine Banknoten.

Lernwerkstatt Die Geschichte des Geldes
Vom Tauschgeschäft zur Kreditkarte – Bestell-Nr. 11 504
KOHL VERLAG

IX. Das erste Papiergeld

EA

Aufgabe 3: *Lückentext John Law – Setze passend ein.*

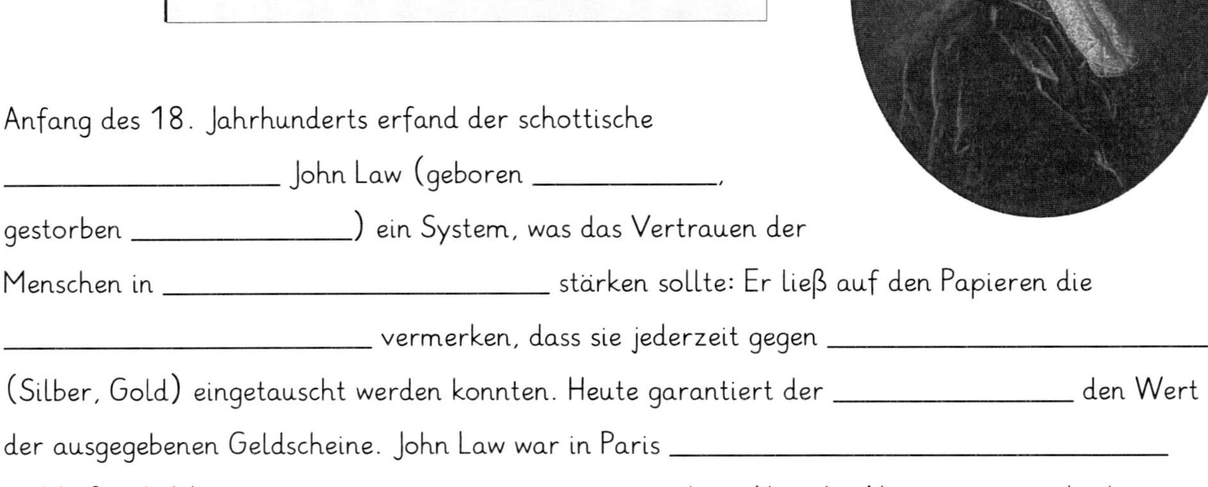

Finanzminister – Papiergeld – Bankier – Staat – Garantie – Banknoten – 1671 bis 1729 – Edelmetalle –

Anfang des 18. Jahrhunderts erfand der schottische ________________ John Law (geboren ____________, gestorben ______________) ein System, was das Vertrauen der Menschen in ________________________ stärken sollte: Er ließ auf den Papieren die ______________________ vermerken, dass sie jederzeit gegen ________________________ (Silber, Gold) eingetauscht werden konnten. Heute garantiert der _______________ den Wert der ausgegebenen Geldscheine. John Law war in Paris ______________________________ und ließ jede Menge _____________________ ausgeben. Aber die Aktion erwies sich als Desaster.

EA

Aufgabe 4: *Wann gab es in den europäischen Ländern die ersten Banknoten? Verbinde passend.*

Land			Zeit/Datum
Frankreich	○	○	1483
Sachsen/Preußen	○	○	1609
Spanien	○	○	1661
Deutschland	○	○	1718–1720
Amsterdam	○	○	18. Jahrhundert
Stockholm	○	○	19. Jahrhundert

KOHL VERLAG Lernwerkstatt Die Geschichte des Geldes Vom Tauschgeschäft zur Kreditkarte – Bestell-Nr. 11 504

IX. Das erste Papiergeld

EA

Aufgabe 5: *Wenn du die Puzzleteile ausschneidest und richtig zusammensetzt, kannst du drei verschiedene, alte Banknoten erkennen. Aus welchen Ländern stammen sie?*

1. ______________________________

2. ______________________________

3. ______________________________

KOHL VERLAG Lernwerkstatt Die Geschichte des Geldes Vom Tauschgeschäft zur Kreditkarte – Bestell-Nr. 11 504

X. Der Taler

Um 1500 fand man in Sachsen, Böhmen und der Neuen Welt (Amerika) reiche Silbervorkommen. Es entstand ein neues Zahlungsmittel: der Taler. Er war im Vergleich zu den Goldmünzen ziemlich groß, da Silber ja nicht so viel wert ist wie Gold.

Meist wurden wichtige Ereignisse wie Siege und Krönungen von Königen auf den Münzen dargestellt und meisterhaft von bekannten Künstlern verziert. Unter den Münzherren gab es einen regelrechten Wettbewerb, wer die schönsten Taler herstellte. Der meist geprägte Taler ist der „Joachim-taler", der um 1520 in Böhmen entstand. Auf der Vorderseite ist der Heilige Joachim und auf der Rückseite der gekrönte Löwe von Böhmen zu sehen. Es sollen mehr als 2 Millionen von diesen Talern geprägt worden sein.

Ein weiterer bekannter Taler ist der Maria-Theresien-Taler. Er wurde ab 1741 geprägt und zeigt die Erzherzogin von Österreich und Gattin des römisch-deutschen Kaisers Franz I. Stefan. Der Taler hat knapp 4 cm Durchmesser und ist 2,5 mm dick. Er wog etwa 28 g, davon waren 24 g Feinsilber.

Der Taler breitete sich allmählich in ganz Europa und über weite Teile der Welt aus. Er überstand den Dreißigjährigen Krieg (1618–1648), während andere Währungen an Wert verloren. In Deutschland blieb er bis zur Einführung der Mark im Jahre 1871 die wichtigste Münze. Ein Taler hätte heute etwa den Wert von 1,50 Euro.

Unterteilt wurde der Taler in Groschen und Pfennig (manchmal auch Pfenning). Silbergroschen hieß der in Preußen zwischen 1821 und 1873 geprägte Groschen.

So galt u. a. bis 1873 in Preußen: 1 Taler = 30 Silbergroschen = 360 Pfenni(n)g

Während man in den nördlichen deutschen Ländern mit Talern und Groschen bezahlte, galten im Süden Gulden und Kreuzer. Der Gulden war ursprünglich eine Goldmünze, wie der Name schon sagt, wurde aber dann auch als Silbermünze geprägt.

EA

Aufgabe 1: *Rechne.*

a) *Wie viele kg Silber erhältst du für 1 kg Gold?*

____

b) *Wie viele kg Kupfer erhältst du für 1 kg Silber?*

____

Der ungefähre Wert der Edelmetalle heute:

1 kg Gold heute etwa 34 000 Euro

1 kg Silber heute etwa 500 Euro

1 kg Kupfer heute etwa 5,70 Euro

KOHL VERLAG Lernwerkstatt Die Geschichte des Geldes Vom Tauschgeschäft zur Kreditkarte – Bestell-Nr. 11 504

X. Der Taler

Umrechnungstabelle Münzen und Währungen des Mittelalters

Diese Werte sind nur ein Anhalt. Gut 300 Sorten Münz- und Papiergeld waren zu dieser Zeit im Umlauf. Das Münzrecht lag nicht nur bei Kaisern und Königen. Auch anderer Adel, wie Herzoge oder Grafen konnte Münzrechte haben. Auch Orden oder Kloster! So konnte der Taler einen Wert von 20 bis 48 Groschen haben, während der Groschen manchmal auch mehr oder weniger als 12 Pfennige wert war.

Münze			Wert in Pfennigen
1 Heller			1/2
1 Pfennig (Denar)		2 Heller	1
1 Kreuzer			4
1 Groschen		3 Kreuzer	12
1 Gulden	20 Groschen	60 Kreuzer	240
1 Taler	30 Groschen	90 Kreuzer	360

EA

Aufgabe 2:

a) *Um 1800 konntest du ein Brot für 9 Kreuzer kaufen. Wie viele Groschen waren das?*

b) *Du hast 15 Pfennig in der Tasche. Reicht das, um das Brot zu bezahlen?*

c) *Ein Pfund (1/2 kg) Butter gab es für 7 Groschen. Wie viele Kreuzer musstest du bezahlen?*

d) *Du hast einen Gulden dabei. Wie viel Kreuzer bekommst du zurück, wenn du 1 Kilogramm Butter kaufen willst?*

e) *Ein Lehrer verdiente im Jahr 75 Gulden. 60 Gulden erhielt er noch von der Gemeinde. Dazu bekam er 24 Preßburger Metzen[1] Halbfrucht (z. B. Roggen, Kartoffeln), 3 Preßburger Metzen Mais und 4 Klafter[2] Stroh.*
Rechne um (1 Gulden ~ 1 Euro)!

Der Lehrer erhielt jährlich ____________ Euro, dazu ____________ Liter Halbfrucht, ____________ Liter Mais und ____________ m² Stroh.

f) *Ein Pfarrer verdient im Jahr 150 Taler (1 Taler ~ 1,50 Euro), 52 Preßburger Metzen Halbfrucht und 6 Klafter Brennholz.*
Der Pfarrer erhielt Jährlich ____________ Euro, ____________ Liter Halbfrucht und ____________ m² Brennholz.

[1] *1 Preßburger Metzen ~ 60 Liter*

[2] *1 Klafter entsprach der Entfernung zwischen den ausgestreckten Armen eines Mannes, also etwa 1,7 Meter. Ein Klafter Holz entsprach einem Holzstapel mit einer Länge und Höhe von je 1 Klafter.*

KOHL VERLAG Lernwerkstatt Die Geschichte des Geldes Vom Tauschgeschäft zur Kreditkarte – Bestell-Nr. 11 504

XI. Gold wird Währungsstandard

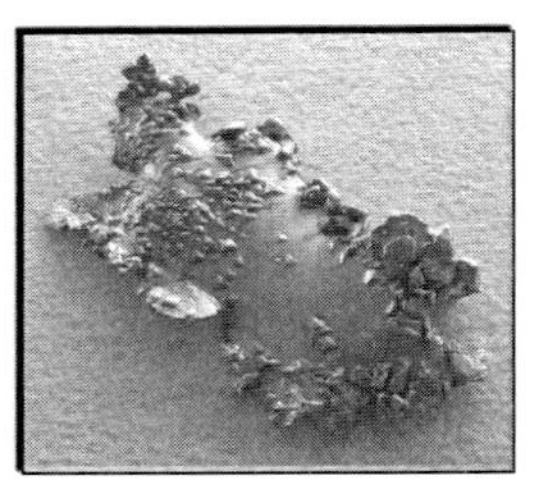

Während man in Norddeutschland mit Talern und Groschen zahlte, fand man im Süden Gulden und Kreuzer im Geldbeutel. Eine einheitliche Währung gab es in der deutschen Kleinstaaterei nicht.

Krösus, König der Lyder (Kleinasien), ist seit der Antike das Sinnbild für Reichtum und Macht. Er setzte 650 Jahre v. Chr. seine Idee um, aus Gold Geld zu machen. Er ließ Münzen prägen, die dann zum offiziellen Zahlungsmittel wurden.

Im 19. Jahrhundert hatten Franzosen, Belgier, Italiener und Schweizer gemeinsame Geldprobleme: Das Silber für die Münzprägung war knapp geworden. Auf der Internationalen Währungskonferenz 1867 einigte man sich deshalb darauf, als wertbeständigen Währungsstandard Gold zu wählen. Das hieß, dass jede Banknote zu einem festen Wechselkurs in Gold eingetauscht werden konnte. In den meisten Industriestaaten wurde der Goldstandard zwischen 1871 (Deutschland) und 1900 (USA) eingeführt.

Nach der Gründung des Deutschen Reiches 1871 wurde zwei Jahre später offiziell die Goldmark eingeführt. Die wichtigste Münze war die Reichsgoldmünze zu 20 Mark. Eine Mark entsprach 100 Pfennig. Die Mark in Gold als 20- und 10-Mark-Stück wurde mit dem Deutschen Münzgesetz vom 9. Juli 1873 in Umlauf gebracht, als Ersatz für die verschiedenen Landeswährungen mit über 100 verschiedenen Münzen wie Taler, Gulden, Kreuzer usw..

PA

Aufgabe 1: *Hier seht ihr Goldmünzen zu 20 Mark mit den Porträts der Kaiser Friedrich III. und Wilhelm II. Dazu gesellen sich die Könige von Bayern, Ludwig II. und Ludwig III. Recherchiert, welche Münzen zusammengehören.*
(Tipp: Sucht die Herren im Internet und achtet auf die Jahreszahlen.)

Umrechnungen Taler – Gulden – Mark:
2 Taler = 3 1/2 Gulden = 6 Mark • 1 Taler = 3 Mark • 1 Gulden = 1,71 Mark

Lernwerkstatt Die Geschichte des Geldes
Vom Tauschgeschäft zur Kreditkarte – Bestell-Nr. 11 504
KOHL VERLAG

XII. Die Mark

1871 wurde das deutsche Reich gegründet und mit ihm löste die Mark den Taler nach 400 Jahren ab. 10 und 20 Markstücke wurden aus Gold geprägt und 5, 2, und 1 Mark und 50 und 20 Pfennige waren aus Silber.

1 Deutsche Mark 1905

Die Zahl der Münzstätten wurde auf 6 begrenzt. Sie bekamen einen Buchstaben, den sie auf die Münzen prägen mussten: F für Stuttgart, G für Karlsruhe, D für München und J für Hamburg, Diese 4 Buchstaben werden auch heute noch verwendet, außerdem gibt es noch B für Hannover und C für Frankfurt. Auf allen deutschen Münzen waren der Wert, der Reichsadler und das Herstellungsjahr aufgeprägt.

1909 gab die Reichsbank zum ersten Mal Papiergeld mit den Werten 100, 500 und 1.000 Mark aus. Allerdings musste die Bank immer genug Gold besitzen, das dem Wert des Geldes entsprach, das im Umlauf war. In diesem Falle spricht man von einer Goldwährung.

Dieses System funktionierte 5 Jahre lang hervorragend. Doch 1914 begann man, mehr Geld zu drucken als man Gold hatte. Damit finanzierte man den Ersten Weltkrieg. Das deutsche Reich verschuldete sich immer mehr. Man glaubte, dass man die Schulden nach dem Sieg wieder durch Zahlungen der Verlierer tilgen konnte. Aber die Deutschen verloren den Krieg.

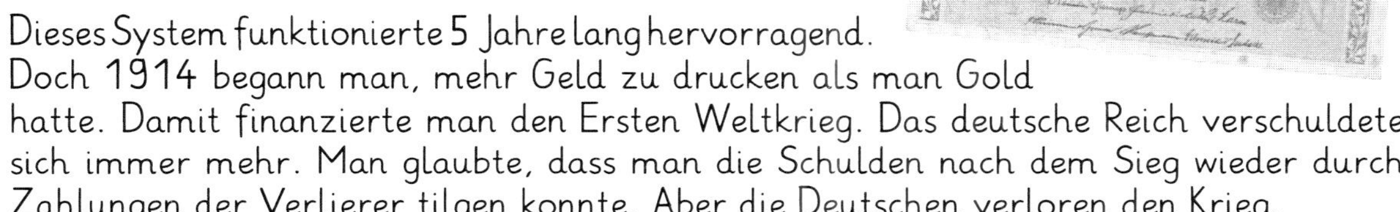

Man druckte munter weiter und die Wirtschaft brach zusammen. Die Beträge auf den Scheinen und Münzen stiegen und stiegen. Bald stand auf den Scheinen nicht mehr hundert oder tausend Mark sondern eine Million, eine Milliarde Mark oder sogar 1 Billion Mark.

Die Menschen mussten ihr Gehalt in großen Tüten nach Hause schaffen. Und während sie dies taten, war der Wert des Geldes schon wieder beträchtlich gefallen.

EA

Aufgabe 1: *Schreibe die Städte, wo Münzen geprägt wurden, hinter den richtigen Buchstaben. Setze die Städtenamen dann richtig auf der Karte ein.*

B ______________________

C ______________________

G ______________________

F ______________________

D ______________________

J ______________________

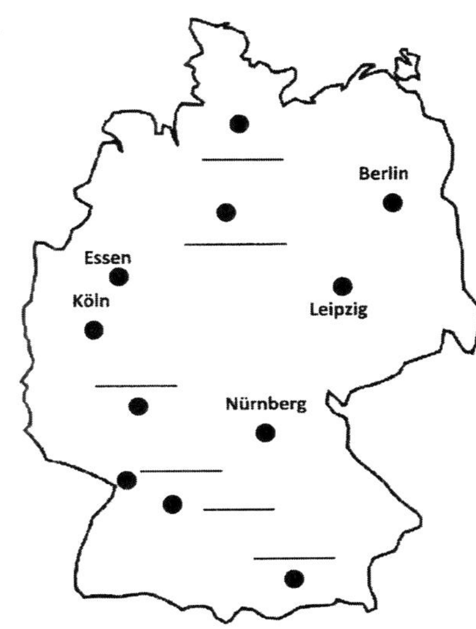

Lernwerkstatt Die Geschichte des Geldes
Vom Tauschgeschäft zur Kreditkarte – Bestell-Nr. 11 504
KOHL VERLAG

XIII. Inflation

Bis zum Ausbruch des Ersten Weltkriegs 1914 sicherte der internationale Goldstandard das Währungssystem. Es durfte immer nur so viel Papiergeld gedruckt werden, wie Goldreserven vorhanden waren. Mit dem Krieg änderte sich das: Das Recht auf Umtausch von Banknoten in Gold- und Silbermünzen wurde abgeschafft. Der Krieg und die Forderungen nach Kriegsende verschlangen das Geld. So wurde Papiergeld ausgegeben, das nicht mehr durch Gold gedeckt war. Der Wert der Mark stürzte immer weiter ab. Auf dem Höhepunkt der Inflation 1923 musste für eine Goldmark eine Billion Papiermark bezahlt werden. Die Währungsreform setzte der Inflation ein Ende. Für eine Billion Papiermark gab es eine Rentenmark, die später von der Reichsmark (RM) abgelöst wurde.

1923 wurden 12 Nullen vom Wert des Geldes gestrichen und die Reichsmark blieb die deutsche Währung bis zum Ende des Zweiten Weltkrieges. Wieder war ein durch hohe Inflation (wenn das Geld nicht mit Gold gedeckt ist) finanzierter Krieg verloren. Es gab keine Waren auf den Märkten und in den Geschäften zu kaufen.

Doch die Alliierten und insbesondere die USA hatten einen Plan für eine Währungsreform. Auch die deutschen Geldexperten wussten von nichts. Am 21. Juni 1948 wurde es in die Tat umgesetzt. Jeder bekam ein Kopfgeld von 40 und später nochmals 20 Deutsche Mark als Startgeld. Leute, deren Vermögen nur aus Geld bestanden hatte, wurden über Nacht arm. Wer Schulden hatte, dem wurden sie erlassen. Nach der Gründung der Bundesrepublik Deutschland 1950 blieb die DM stabil und kurbelte die Wirtschaft in Deutschland an. Von den Münzen gab es seit 1948 1 und 2 Mark, 1, 2, 5, 10 und 50 Pfennige, allein das 5 Mark Stück fehlte bis 1951. Die Münzen trugen bis 1950 die Aufschrift „Bank deutscher Länder", was dann durch „Bundesrepublik Deutschland" ersetzt wurde.

EA

Aufgabe 1: *Setze passend ein.*

a) Million

Die Million besteht aus einer Eins, gefolgt von _____ Nullen, also ____________________.
Als Abkürzung von Million ist „Mio."oder „Mill." gebräuchlich.

b) Milliarde

Das Zahlwort Milliarde steht für eine Zahl mit einer Eins und __________ Nullen, also ____________________. Als Abkürzung für Milliarde ist „Mrd." gebräuchlich.

c) Billion

Das Zahlwort Billion bezeichnet im deutschen Sprachraum eine Zahl mit einer Eins und __________ Nullen, also ____________________. Eine Billion steht für tausend Milliarden.

KOHL VERLAG Lernwerkstatt Die Geschichte des Geldes Vom Tauschgeschäft zur Kreditkarte – Bestell-Nr. 11 504

XIII. Inflation

In einer Marktwirtschaft – also auch heute bei uns in Deutschland – können sich die Preise für Waren und Dienstleistungen jederzeit ändern – einige Preise steigen, während andere fallen. Erhöhen sich die Preise allgemein, und nicht nur die Preise einzelner Produkte, so spricht man von „Inflation". Ist dies der Fall, so kann man für einen Euro weniger kaufen oder anders ausgedrückt: Ein Euro ist dann weniger wert als zuvor. Inflation heißt also Geldentwertung. Ein bisschen Inflation ist aber normal.

Wie wird die Inflation berechnet? Das ist nicht so ganz einfach. Ich will es hier mal grob vereinfacht erklären:

In einer Volkswirtschaft gibt es Millionen von Preisen. Diese Preise unterliegen ständigen Veränderungen. Die meisten Länder messen die Inflation durch einen Verbraucherpreisindex (VPI). Dabei wird festgestellt, welche Waren und Dienstleistungen Verbraucher in der Regel kaufen. Dazu gehören nicht nur z.B. Brot und Obst, sondern auch Autos, PCs, Waschmaschinen usw. und wiederkehrende Ausgaben wie Miete und Stromrechnungen. Diese „Einkaufsliste" ergibt den sogenannten „Warenkorb". Jeden Monat prüft eine Gruppe von Preisbeobachtern die Preise dieser Artikel an verschiedenen Verkaufsstellen. Die Kosten dieses Warenkorbes werden immer wieder verglichen. Die jährliche Inflationsrate kann dann berechnet werden. Wenn dieser Warenkorb vor einem Jahr 100 Euro kostete und nun 101,50 Euro kostet, ist das eine Inflation von 1,5 %.

EA

Aufgabe 2: *Zum 01. Januar 2002 löste der Euro als neues offizielles Zahlungmittel die D-Mark ab. In diesem Jahr fielen die Preiserhöhungen besonders ins Gewicht und prägten den Spruch „Euro gleich Teuro" bei vielen Leuten. Wenn du die Tabelle anschaust: Was ist am teuersten geworden? (Preise gerundet)*

Produkt	Preis in Euro 2002	Preis in Euro 2011
Nudeln – Spaghetti – Buitoni – 500g	0,80 €	1,20 €
Milch – billig – 3,5 % Fett – 1 Liter	0,45 €	0,60 €
Speiseöl Sonnenblume – billig – 1 Liter	0,75 €	1,50 €
Eier – 10er Pack – billig – Bodenhaltung	0,60 €	1,30 €
Schokolade – Ritter Sport Vollmilch – 100g	0,60 €	0,80 €

Beispiel: Nudeln: 1,2 € : 0,80 € = 1,5 Die Nudeln sind 2011 1,5 mal so teuer wie 2002.

Berechne die übrigen Lebensmittel und gib an, was sich am meisten verteuert hat.

Lernwerkstatt Die Geschichte des Geldes
Vom Tauschgeschäft zur Kreditkarte – Bestell-Nr. 11 504
KOHL VERLAG

XIV. Buchgeld und Girokonto

Ende des 19. Jahrhunderts

Im Deutschen Reich war die Industrialisierung in vollem Gange. Die einheitliche Währung förderte die Wirtschaft, weil sie den Handel im Land vereinfachte. Da begann die 1876 gegründete Reichsbank, den bargeldlosen Zahlungsverkehr einzuführen: Eingehende Schecks und Überweisungen wurden in der Bank gesammelt. Da alle Kreditinstitute ein Konto bei der Reichsbank hatten, wurden die Beträge in Kontobüchern aufgeschrieben. So entstand die Bezeichnung „Buchgeld".

Auf diese Weise kam das Geld rasch „in Umlauf", und so nannte man das Konto „Girokonto" nach dem italienischen Wort „il giro" für Umlauf. Die Italiener praktizierten solche Kontenführung schon viel eher.

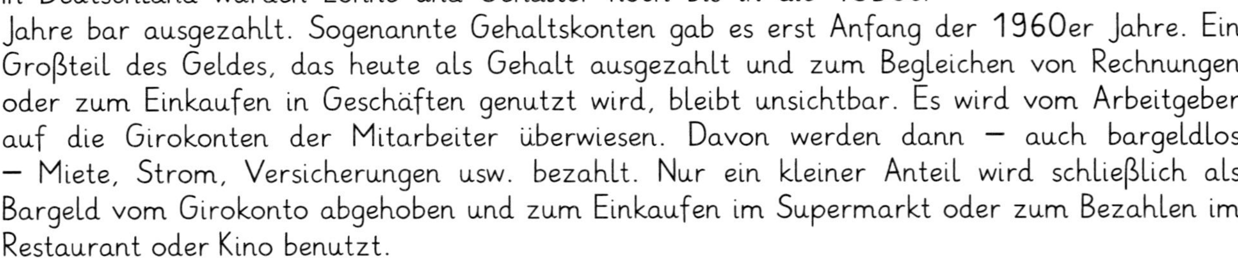

Girokonten für jedermann waren allerdings noch lange nicht üblich. In Deutschland wurden Löhne und Gehälter noch bis in die 1950er Jahre bar ausgezahlt. Sogenannte Gehaltskonten gab es erst Anfang der 1960er Jahre. Ein Großteil des Geldes, das heute als Gehalt ausgezahlt und zum Begleichen von Rechnungen oder zum Einkaufen in Geschäften genutzt wird, bleibt unsichtbar. Es wird vom Arbeitgeber auf die Girokonten der Mitarbeiter überwiesen. Davon werden dann – auch bargeldlos – Miete, Strom, Versicherungen usw. bezahlt. Nur ein kleiner Anteil wird schließlich als Bargeld vom Girokonto abgehoben und zum Einkaufen im Supermarkt oder zum Bezahlen im Restaurant oder Kino benutzt.

In den ersten Jahrzehnten des bargeldlosen Handels wurden handschriftlich Kontobücher geführt. Heute geschieht dies elektronisch in EDV-Systemen. Buchgeld ist Grundlage des bargeldlosen Zahlungsverkehrs.

EA

Aufgabe 1: a) *Erkläre, woher das Wort Girokonto stammt.*

____

____

____

b) *Was denkst du: Welche Vorteile hat ein Giro-Konto?*

____

____

____

c) *Kannst du dir auch Nachteile eines Girokontos vorstellen?*

____

____

____

KOHL VERLAG Lernwerkstatt Die Geschichte des Geldes Vom Tauschgeschäft zur Kreditkarte – Bestell-Nr. 11 504

XV. Kreditkarten

Die 50er Jahre im 20. Jahrhundert

In den USA gibt es seit 1894 Kreditkarten. Zunächst gaben Hotels sie an Stammgäste aus. Mineralölfirmen und Kaufhäuser folgten in den 1920er Jahren. Bezahlen konnte man damit nur bei den Unternehmen, die sie ausgegeben hatten. Die universelle Kreditkarte kam 1950 auf den Markt. Der Amerikaner Frank McNamara hatte die Idee, mit einer Karte in verschiedenen Restaurants bezahlen zu können. Er gründete den "Diners Club". Nur Mitglieder des Clubs erhielten die Karte. Zahlen konnten sie damit nur in ausgewählten Restaurants. Aber schon bald wurde die Gruppe erweitert und immer mehr Geschäfte nahmen teil. 1956 wurde die Karte auch in Deutschland eingeführt. Sie galt, wie die "American Express"-Karte ab 1958, als Kreditkarte für Reisende zum Begleichen von Hotel- und Restaurant-Rechnungen.

Einem anderen Konzept folgten die sogenannten Bankkreditkarten wie die "Master-Card" und die "Visa-Card". Sie hatten vorwiegend Unternehmen aus dem Konsumbereich unter Vertrag. Im Laufe der Jahre sind die Unterschiede zwischen den Karten fast völlig verschwunden.

Kreditkarten werden entweder von einer Bank (MasterCard, Visa) oder einem Kreditkarteninstitut (American Express, Diners Club) ausgegeben. Voraussetzung zum Erhalt einer Kreditkarte ist die Zahlungsfähigkeit, die z.B. durch ein regelmäßiges Gehalt nachgewiesen werden muss. Die vier hier genannten Karten sind weltweit anerkannt.

Das steht auf der Karte:

- Name des Karteninhabers: sichtbar geprägt auf der Vorderseite (zusätzlich auf dem Magnetstreifen gespeichert)
- Kartennummer: eindeutige Identifikationsnummer mit meist 16 Stellen, sichtbar auf der Vorderseite und elektronisch gespeichert auf dem Magnetstreifen bzw. Chip.
- Die ersten sechs Ziffern stehen für die Gesellschaft. Die restlichen 10 Ziffern sind die Kontonummer.
- Verfallsdatum: sichtbar auf der Vorderseite (zusätzlich auf dem Magnetstreifen bzw. Chip gespeichert).
- Unterschrift: sichtbar auf der Rückseite
- Kartenprüfnummer
- PIN: Die PIN (Persönliche Identifikationsnummer) ist nicht vom Magnetstreifen ablesbar. Um Bargeld an einem Geldautomaten abzuheben, wird die PIN benötigt. Auch an Zahlungsterminals in Geschäften, vor allem im Ausland, kann die PIN-Eingabe verlangt werden.

EA

Aufgabe 1:

Gestalte eine Kreditkarte.
Beachte die Sicherheitsmerkmale.

EA

Aufgabe 2:

Welche Kreditkarten sind weltweit gültig?

KOHL VERLAG Lernwerkstatt Die Geschichte des Geldes Vom Tauschgeschäft zur Kreditkarte – Bestell-Nr. 11 504

XV. Kreditkarten

Die elektronische Geldbörse

Parkscheine, Fahrkarten, Getränke, Zigaretten oder Briefmarken – alles gibt es in Automaten. Und in die wird statt Kleingeld immer öfter die Geldkarte geschoben. Man erkennt sie am goldfarbenen Microchip. Anders als die Kreditkarte, bei der die Käufe erst später über eine Rechnung beglichen werden, muss die Geldkarte vorab mit Geld gefüttert werden. Gespeichert wird das auf dem Microchip. Bei jeder Bezahlung wird der entsprechende Betrag abgezogen. Ist die Karte leer, kann sie am Automaten oder über ein Girokonto aufgeladen werden.

1996 wurde das Bezahlsystem erstmals in Ravensburg ausprobiert, doch es fand keinen großen Anklang. Das hat sich aber geändert. Mobiltelefone mit der sogenannten „Prepaid-Karte" sind sehr beliebt. Die Karte hält die Telefonkosten in Grenzen und lässt sich immer wieder aufladen.

Statt lange nach dem passenden Bargeld zu suchen, wird heute schon fast alles – vom Lebensmitteleinkauf bis zum Auto – mit Karte bezahlt. So sind in Deutschland mittlerweile knapp 90 Millionen Bankkarten in Umlauf. Mit ihnen kann beispielsweise im Geschäft, an Tankstellen oder im Restaurant bargeldlos bezahlt und an Geldautomaten Bargeld abgeholt werden.

Wo kannst du womit bezahlen?

„Electronic Cash"-Karten werden nur von Kreditinstituten ausgegeben, meist in Verbindung mit einem Girokonto. Bei electronic cash erfolgt die Kartenzahlung durch Eingabe der PIN (Persönliche Identifikationsnummer) oder durch Leisten der Unterschrift.

Mit Maestro kann man weltweit in Geschäften, Restaurants und Tankstellen bargeldlos bezahlen oder Geld am Automaten abheben. Natürlich muss man auch hier seinen PIN eingeben oder seine Unterschrift leisten.

Die Geldkarte ermöglicht die bargeldlose Offline-Zahlung von kleinen Geldbeträgen ohne PIN und ohne Unterschrift. Die Bezahlung erfolgt dabei mit einem vorbezahlten Guthaben, welches auf einer Chipkarte gespeichert ist. Beispiel: Prepaid-Karte beim Handy – kennst du sicher!

PA **Aufgabe 2:** *Seht euch in Geschäften, Tankstellen, Kaufhäusern und Restaurants in deiner Umgebung um: Wo findet ihr welche Symbole? Versucht durch Befragungen zu ergründen, welche Karten am häufigsten genutzt werden.*

___

PA **Aufgabe 3:** *Geldkarte und Kreditkarte – erklärt den Unterschied.*

___

___

___

KOHL VERLAG Lernwerkstatt Die Geschichte des Geldes Vom Tauschgeschäft zur Kreditkarte – Bestell-Nr. 11 504

XVI. Bankgeschäfte per Internet

Die digitale Revolution

Anfang der 1980er Jahre startete in Deutschland das sogenannte Homebanking: rund um die Uhr Kontostände abrufen und Überweisungen tätigen. Doch der Kundenkreis blieb gering. Zum einen war der Umgang mit dem Computer nur wenigen vertraut, zum anderen schien das Risiko zu hoch, dass Fehler passieren könnten. Das änderte sich erst mit dem weitaus schnelleren Internet und einer benutzerfreundlichen Bildschirmoberfläche. 1995 konnten Kunden in den USA ihre Bankgeschäfte erstmals über das Internet abwickeln. Andere Banken folgten. Seit Ende der 1990er Jahre ist das sogenannte Onlinebanking auch in Deutschland populär. Doch nicht nur Bankgeschäfte laufen übers Internet, auch jeder Einkauf kann dort getätigt werden.

Für größere Käufe wird oft das Bezahlen per Kreditkarte verlangt. Eingabe und Bestätigung von Betrag und Kartennummer geschehen in verschlüsselter Form über das Internet. Ein spezielles System wird besonders bei Internet-Auktionen angeboten: "Bezahlen per E-Mail". Ein Bildschirmformular zeigt den Kaufbetrag und die E-Mail-Adresse des Verkäufers. Ist man mit seinen persönlichen Daten bei diesem Dienst angemeldet, wird das Geld angewiesen. Die Bestätigung kommt per E-Mail. Der Vorteil: Weder Kunde noch Käufer erfahren Bankdaten oder Kreditkartennummern voneinander, sondern nur die E-Mail-Adresse.

Natürlich ist es einfach und bequem, im Internet einzukaufen. Man bekommt dort mittlerweile alles, vom Buch übers Handy bis zum frischen Fisch oder Rinderfilet. In den meisten Fällen sogar zu günstigeren Preisen. Für die Geschäfte in der Stadt oder auf dem Land hat das jedoch große Nachteile: Sie haben Personal, was sie bezahlen müssen, und sie haben Mietkosten für ihr Geschäft, Lager usw.. Also können sie mit den geringeren Preisen im Internet nicht mithalten.

GA

Aufgabe 1:

- *Wie fändet ihr es, wenn ihr nicht mehr in die Stadt zum Shoppen gehen könntet?*
- *Welche Vorteile bietet ein Kauf im Geschäft?*
- *Welche Vorteile hat das Internet?*
- *Gibt es eine Lösung für das Problem der Kaufleute vor Ort?*

In Tönisvorst am Niederrhein haben letzten Samstag etwa 50 Geschäfte ihre Schaufenster mit schwarzer Folie zugeklebt. Sie wollten ein Zeichen gegen das zunehmende Internetgeschäft setzen. Die Händler wollten zeigen, wie ihre Stadt aussähe, wenn es keine Läden mehr gäbe. Sie beklagten auch, dass sich viele Leute im Geschäft beraten ließen und dann im Internet preiswerter einkauften. Viele Geschäfte müssen um ihre Existenz fürchten, manche haben zusätzlich schon einen Internethandel eingeführt.

KOHL VERLAG Lernwerkstatt Die Geschichte des Geldes
Vom Tauschgeschäft zur Kreditkarte – Bestell-Nr. 11 504

XVII. Die Geschichte des EURO

Alles begann 1979, als Deutschland, Frankreich, Italien, Belgien, die Niederlande und Luxemburg beschlossen, ein gemeinsames Währungssystem zu gründen: den ECU, ein Vorläufer des Euro, der allerdings nicht wirklich zum Einsatz kam. Der Euro – von der Namensfindung bis zur Bargeldeinführung – brauchte mehr als sechs Jahre, bis das Geld in Umlauf kam.

EA

Aufgabe 1: *Schneide die Kärtchen aus und klebe sie in der richtigen zeitlichen Reihenfolge auf ein Blatt.*

A) Im Dezember 2001: Beginn der Abgabe sog. „*Starterkits*" an die Bevölkerung (kleine Plastiktüten mit den diversen Münzen, etwa 10 Euro insgesamt).

B) Juli 1999: Die Produktion der Euro-Banknoten beginnt.

C) Der Euro wurde 2002 nur in 12 der 15 damaligen EU-Länder eingeführt.

D) Frühjahr 1999: Die Produktion der Euro-Münzen beginnt.

E) 1. Januar 2002: Der Euro löst die bisherigen nationalen Währungen als alleiniges gesetzliches Zahlungsmittel ab.

F) 1. Januar 1999: Der Euro wird als „Buchgeld" eingeführt.

G) 1. Juni 1998: Gründung der europäischen Zentralbank (EZB) mit Sitz in Frankfurt am Main.

H) Dezember 1995: Der Europäische Rat beschließt den Namen der neuen Währung. Sie soll nicht nicht weiter „ECU", sondern, „Euro" heißen.

I) Januar 2002: Im Einzelhandel wird parallel zum Euro auch noch die D-Mark als Zahlungsmittel akzeptiert.

J) Sommer 1997: Entscheidung über die Gestaltung der Münz-Vorderseiten

K) Ab 1. September 2001: Abgabe von Euro-Münzen und -geldscheinen an Banken, Einzelhandel, Industrie u. a. zum „Kennenlernen".

L) Dezember 1996: Erste Entwürfe der Euro-Geldscheine werden der Öffentlichkeit präsentiert.

M) 1992 wurde der Vertag von Maastrich (NL) geschlossen, der die Eintrittsbedingungen festlegte.

KOHL VERLAG
Lernwerkstatt Die Geschichte des Geldes
Vom Tauschgeschäft zur Kreditkarte – Bestell-Nr. 11 504

XVIII. Die EURO-Münzen

1992 wurde der Vertrag von Maastrich geschlossen, in dem u. a. die Eintrittsbedingungen für die Währungsgemeinschaft festgelegt wurden, wie z. B. eine geringe Staatsverschuldung. 1999 wurde der Euro Wirklichkeit, allerdings nur auf dem Papier als Buchgeld. Die Währungen der Mitgliedsländer blieben bis Anfang 2002 gültig. Am 01.01.2002 wurde das Eurogeld ausgegeben. Der Euro wurde nur in 12 der 15 EU-Ländern eingeführt, Großbritannien, Dänemark und Schweden verzichteten. Griechenland bestand die Eintrittsbedingungen noch in letzter Minute.

EA

Aufgabe 1: *Die Vorderseite der Euromünzen ist bei allen Ländern gleich, doch die Rückseiten sind verschieden. Forsche nach und male auf. Notiere das Motiv zu den einzelnen Ländern.*

Deutschland	Belgien	Frankreich	Niederlande	Spanien	Italien
der Bundesadler					

„Wie viel ist das in D-Mark?" Viele Leute gewöhnten sich nur schwer an die neue Währung. Lange rechnete man im Kopf noch in D-Mark um. Und dabei hatten wir Deutschen es noch leicht, denn ein Euro entspricht ungefähr zwei Mark. Viele der zwölf Staaten der Europäischen Union, die 2002 auf den Euro umstellten, hatten mit viel schwierigeren Wechselkursen zu kämpfen. 2003 erhielt der Euro den Karlspreis der Stadt Aachen, benannt nach Karl dem Großen, der im 8. Jahrhundert nach Christus den Denar (Pfennig) einführte. Bis zur Einführung des Euros war der Pfennig Europas einzige einheitliche Währung gewesen.

EA

Aufgabe 2: *Welche Währung hatten die Euro-Länder früher?*

Deutschland	D-Mark und Pfennig	Österreich	
Frankreich		Irland	
Italien		Finnland	
Belgien		Griechenland	
Niederlande		Spanien	
Luxemburg		Portugal	

KOHL VERLAG Lernwerkstatt Die Geschichte des Geldes Vom Tauschgeschäft zur Kreditkarte – Bestell-Nr. 11 504

XIX. Die Eurozone heute

Mittlerweile gehören 28 Länder zur Europäischen Union. Die Währung Euro haben bisher 20 der 28 Staaten übernommen. Diese Länder gehören zu Euro-Zone: Belgien, Deutschland, Estland, Finnland, Frankreich, Griechenland, Irland, Italien, Kroatien, Lettland, Litauen, Luxemburg, Malta, Niederlande, Österreich, Portugal, Slowakei, Slowenien, Spanien, Zypern.

Obwohl Montenegro und der Kosovo nicht zur EU gehören, haben sie den Euro eingeführt. Auch Andorra, Monaco, San Marino und der Vatikan zahlen mit dem Euro, ohne ein EU-Mitgliedsstaat zu sein.

EA

Aufgabe 1: *Welche Länder gehören zur Europäischen Union, haben jedoch (noch) keine Euro-Währung? Nenne 5 Länder, schreibe ihre Namen in die Karte und male sie rot an.*

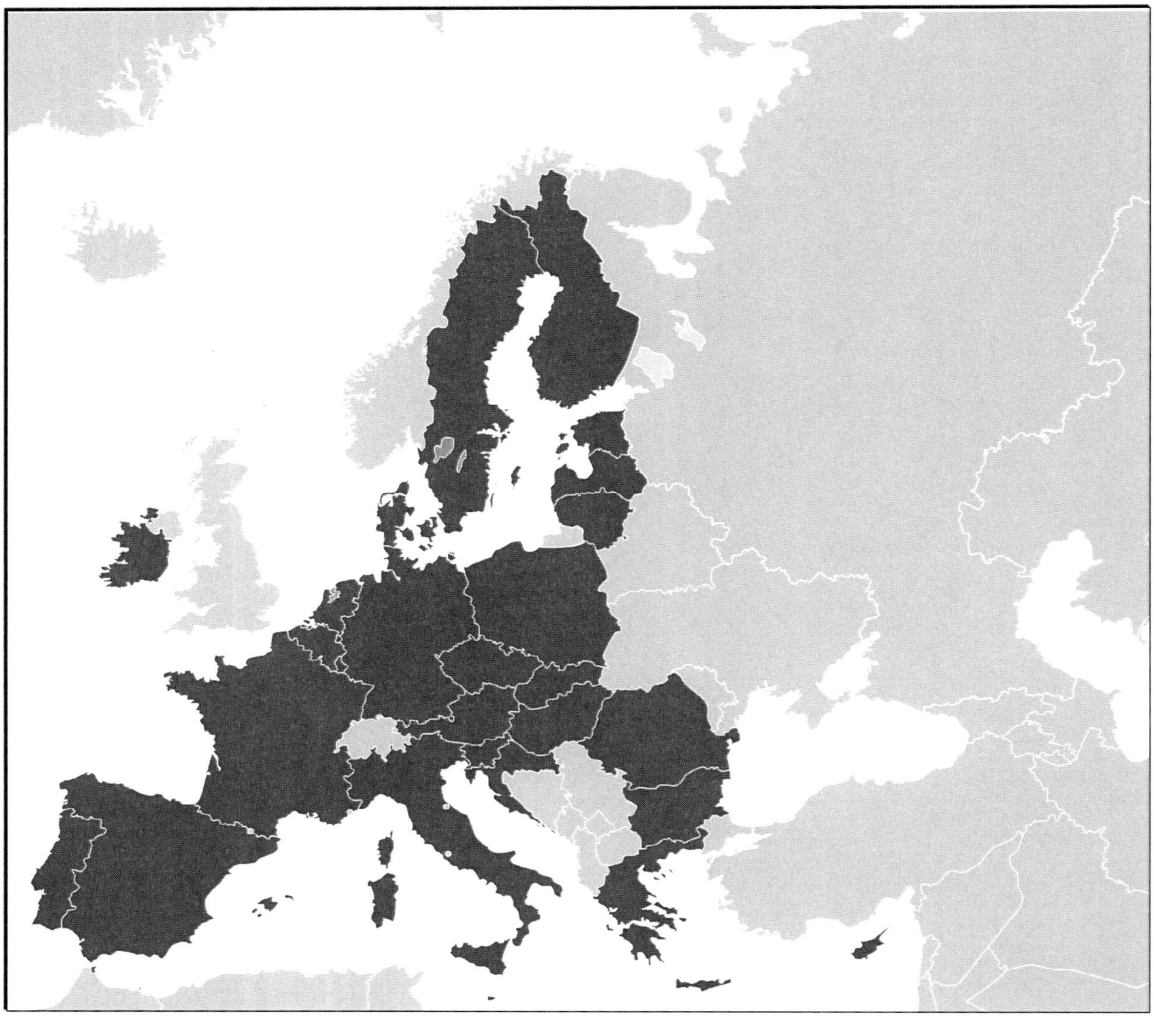

XX. Die Entwicklung des Geldes am Zeitstrahl

EA **Aufgabe 1:** *Schneide die Kärtchen und den Zahlenstrahl aus. Klebe es in sinnvoller Reihenfolge auf ein Blatt. Verbinde die Ereignisse mit den richtigen Jahreszahlen auf dem Zahlenstrahl.*

Ganz früher in grauer Vorzeit fand der Tauschhandel statt.

Ab 1995 macht man Bankgeschäfte online im Internet.

Im 6. Jahrtausend v. Chr. benutzte man Naturalgeld wie Steingeld und Kaurimuscheln.

Im 8. Jahrhundert entstand im Frankenreich eine gemeinsame Währung: Der Pfennig

Im 2. Jahrhundert v. Chr. nutzten die Römer die ersten geprägten Münzen.

Im 4. Jahrhundert v. Chr. gab es in Griechenland erste Münzen.

Schon im 9. Jahrhundert wurden die Pfennige alle wieder verschieden.

1950 werden in Deutschland Kreditkarten eingeführt.

1876 finden auch in Deutschland die ersten bargeldlosen Zahlungen statt.

ganz früher | 6000 v. Chr. | 700 v. Chr. | 400 v. Chr. | 200 v. Chr. | 0 | 800 | 900 | 10. Jh. | 15. Jh. | 1867 | 1876 | 1950 | 1995 | 1996 | 2002

Im 7. Jahrhundert. v. Chr. entstanden in Lydien die ersten Münzen. Metalle wurden auch als Häck- oder Wägegeld genutzt.

Im 15. Jahrhundert nutzte man auch in Europa erstes Papiergeld.

Im Jahre 2002 wird der Euro wird von 12 der damaligen 15 Eurostaaten eingeführt.

Die Geldkarte (Prepaid-Karte) entsteht.

Im 10. Jahrhundert gab es in China das erste Papiergeld.

1867 erklärt man Gold als Internationalen Währungsstandard.

XXI. Geld früher und heute – ein Portfolio

GA

Aufgabe 1: *Erstellt in Gruppenarbeit ein Portfolio zu dem Thema Geld früher und heute. Jede Gruppe bearbeitet ein Thema. Hilfe findet ihr im Internet.*

Nehmt dabei zu folgenden Fragen Stellung:

- Aus welchen Gründen löste das „Geld" den Tauschhandel ab?
- Welche Bedingungen muss Geld erfüllen?
- Nennt die Funktionen des Geldes! Wozu brauchen wir es?
- Warum wurden früher die meisten Münzen aus Edelmetallen, wie zum Beispiel Gold oder Silber, hergestellt?

- Was versteht man unter Hack- oder Wägegeld?
- Berichtet über Pfennig, Taler und Mark!
- Online-Banking und Bank- und Kreditkarten
- Seit wann gibt es den Euro als Währung?
- In wie vielen Ländern kann mit dem Euro bezahlt werden?

Checkliste für die Vorbereitung:

- Erarbeitet euch eine Liste mit „Schlüsselbegriffen".
- Erstellt eine Gliederung.
- Formuliert eure Gedanken aus.
- Sucht Bilder zu euren Berichten.

KOHL VERLAG Lernwerkstatt Die Geschichte des Geldes Vom Tauschgeschäft zur Kreditkarte – Bestell-Nr. 11 504

XXII. Die Geschichte des Geldes nach Bildern

EA

Aufgabe 1: *Ordne die Bilder in zeitlicher Reihenfolge von früher bis heute. Notiere die Art der Bezahlung dazu. Die Buchstaben ergeben in der richtigen Reihenfolge ein Lösungswort.*

H	D
E	B
U	C
G	L

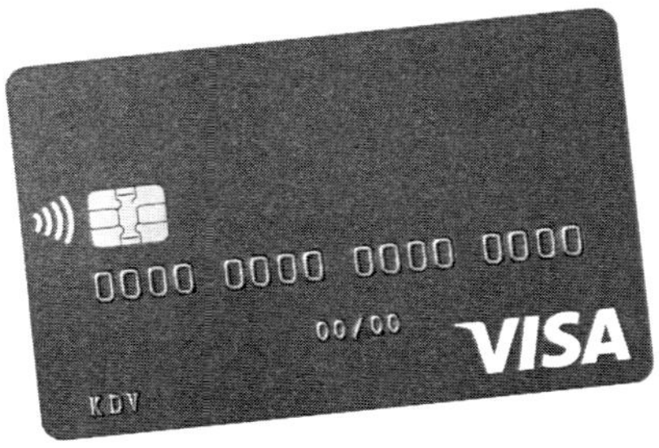

Lösungswort: ____________________

KOHL VERLAG
Lernwerkstatt Die Geschichte des Geldes
Vom Tauschgeschäft zur Kreditkarte – Bestell-Nr. 11 504

XXIII. Geldsprichwörter

EA

Aufgabe 1: *Es gibt einige Sprichwörter, die mit Geld zu tun haben. Setze sie richtig zusammen und erkläre, was damit gemeint ist.*

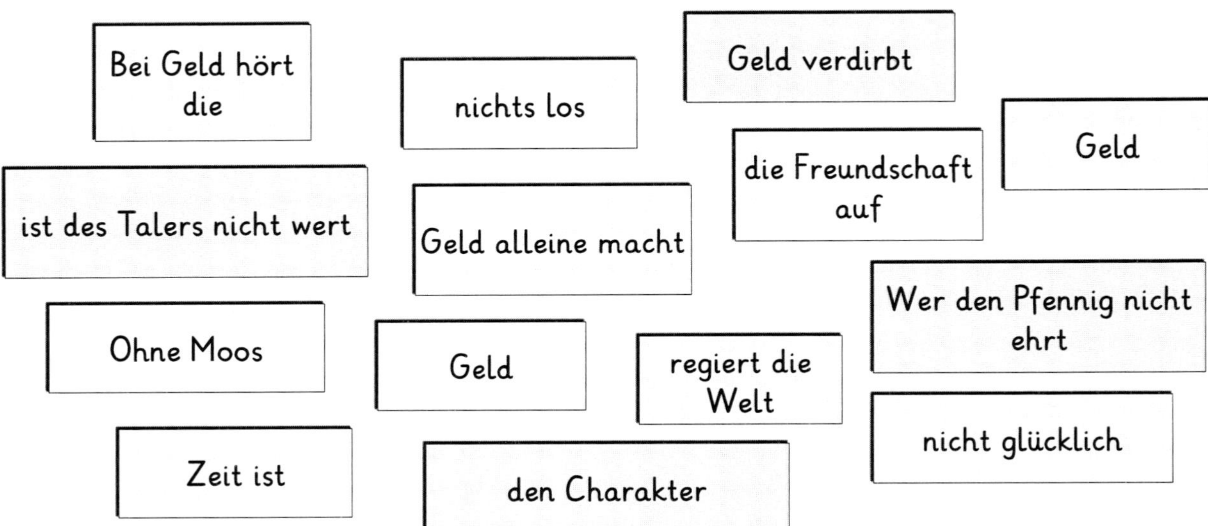

	Das Sprichwort	Die Bedeutung
1		
2		
3		
4		
5		
6		
7		

KOHL VERLAG Lernwerkstatt Die Geschichte des Geldes Vom Tauschgeschäft zur Kreditkarte – Bestell-Nr. 11 504

XXIV. Buchstabensalat und Fehlertext

EA

Aufgabe 1: *Für Geld gibt es viele andere Wörter und Ausdrücke. aber hier sind die Buchstaben durcheinander geraten. Findest du trotzdem den richtigen Ausdruck?*

1 **enteK** ______________________

2 **steraZ** ____ ______________________

3 **ennetoM** ____ ______________________

4 **äsuMe** ____ ______________________

5 **Kipalta** ____ ______________________

6 **rötKen** ____ ______________________

7 **namMom** ____ ______________________

8 **siKe** ____ ______________________

9 **sareB** ____ ______________________

10 **Koehl** ____ ______________________

11 **soMo** ____ ______________________

12 **graBeld** ____ ______________________

EA

Aufgabe 2: *Finde die Fehler im Text.*

Der „Pfennig" blickt auf eine lange GGeschichte zurück: Er war vom 8. bis zum 13. Jh. die wichtigste Münze in Deeutschland. Mit ihm war einfach zu rechnen, denn es gab nur 1-Pfennig-Münzen. Als „Sillberpfennig" war er viel wertvoller als der uns bekannte Kupferpfennig.

Nach dem Pfennig gab es eine große Zahl „deutscher" Münzen. Ddeutschland war in über 300 kleine Staaten zerteilt, von denen die meisten ihr eigebnes Geld prägtene. Bei einer Reise von München nach Haumburg musste man viele verschiedene „Währungen" in der Tasche habten, wollte man sich jederezeit etwas zu essen oder zu trinken kaufen könnten.

Dieser Zustand wurde erst 1871 beendet. Mit der Reichsgründung wurde eine einheitliche deutsche Währung geboren: Die MMark zu 100 Pfenniga. Die „D-Mark" gab es seit der Währungsrecform von 1948, bis sie im Jahhr 2002 vom Euro abgelöst wurdte.

Der Lösungsspruch: ______________________________________

EA

Aufgabe 3: *Findet positive und negative Beispiele zu diesem Spruch.*

____

____

____

Lernwerkstatt Die Geschichte des Geldes
Vom Tauschgeschäft zur Kreditkarte – Bestell-Nr. 11 504

XXV. Rollenspiele

Tauschen & Handeln mit und ohne Geld auf dem alten Markt

Das bedarf ein wenig Vorbereitung. Am besten wird ein paar Tage vorher besprochen, wer welche Rolle übernimmt und welche(r) Schüler/Schülerin welche Requisiten mitbringt. Man kann die Spiele parallel durchführen, aber sie auch auf 2 Unterrichtseinheiten verteilen.

Ziele der Rollenspiele:

a) Einen Eindruck vom Tauschhandel früher gewinnen (1. Spiel)

b) die Bedeutung des Geldes erfahren (2. Spiel)

Die Requisiten:

- Marktstände (Tische), Körbe, Holzkisten, Tongefäße
- evtl. einige alte „Klamotten" zur Kostümierung
- Waren: Obst, Gemüse, Salz, Gewürze, Eier (gekocht) Mehl, Stoffe, Tücher, Besen, Töpfe. Anstelle der wirklichen Waren kann man auch Kärtchen mit dem Namen der Produkte benutzen
- Münzen, selbst geprägt (s. Seite 13) oder Kleingeld

Die Rollen verteilen:

Es gibt zwei Gruppen.

- Zur Gruppe 1 gehören die Marktfrauen, Bauern, Bäuerinnen, Handwerker (Schuster, Scherenschleifer, Kesselflicker) Händler.
- Zur Gruppe 2 gehören die Marktbesucher, Dienstmägde, Koch oder Köchin, Bürgerinnen, die auf dem Markt einkaufen.

Spiel Tausch: Die Schüler erhalten Einkaufslisten und einige Produkte. Nun sollen alle versuchen, durch Tauschen die Produkte, die auf ihrer Liste stehen zu erhalten. Alle dürfen beim Tauschen auch handeln!

Spiel Handel: Die selbst hergestellten Münzen können zum Einsatz kommen, um die gewünschten Waren einzukaufen.

Durchführung:

1. Rollen verteilen
2. den Klassenraum in einen Markt umbauen
3. die Schüler/innen können sich verkleiden
4. Die Gruppe 1 nimmt ihre Plätze auf dem Markt ein
5. Die Gruppe 2 beginnt ein wenig später, auf dem Markt umher zu gehen und einzukaufen
6. Nach Beendigung des Marktes schreibt jeder auf, was er erlebt hat und wie er an seine Käufe gekommen ist. Nachher wird diskutiert, ob es einfacher ist zu tauschen oder zu kaufen.

XXVI. Die Lösungen

Kapitel I Vor dem Geld – der Naturaltausch

1.

Was bietet der	Was braucht der
Jäger: Pelze, Fleisch	Jäger: Waffen, Möbel, Milch, Gemüse
Fischer: Fische	Fischer: Netze und Lebensmittel
Bauer: Milch, Gemüse, Fleisch	Bauer: Möbel, Kleidung
Tischler / Schreiner: Möbel	Tischler / Schreiner: Fleisch, Gemüse

Kapitel II Tauschhandel heute

1. Von oben nach unten: gleichwertig, gleichwertig, schlechter Tausch, guter Tausch, guter Tausch, schlechter Tausch, schlechter Tausch

2.
   1. Biete Damenfahrrad, suche Handy! Anna Müller, Dorfstraße 87
   2. Damenfahrrad im Tausch gegen elektrische Eisenbahn gesucht! Eilt! Andrea Stein, Tel. 664367
   3. Suche elektrische Eisenbahn, biete Swimmingpool, Durchmesser 3 Meter! Jasmin Früh, Tel. 6546 02
   4. Wer tauscht einen Swimmingpool gegen ein Handy? Kerstin Schulze, Langer Weg 13

   Die übrigen beiden Anzeigen sind ohne Bedeutung!

Kapitel III Das verschiedene Naturalgeld

1. Geld muss ...
   a) ... leicht zu transportieren sein,
   b) ... schnell zählbar sein,
   c) ... es darf nicht zu viel davon geben

2.

C	E	S	U	J	P	L	I	G	O	L	D	B	E	S	Z	Ö	O
V	K	A	U	R	I	S	C	H	N	E	C	K	E	N	B	K	S
W	J	Ä	X	T	E	C	T	M	I	O	J	H	M	K	E	A	T
M	E	S	U	J	K	O	E	F	B	R	T	B	U	U	D	K	E
S	C	H	M	U	C	K	G	E	L	D	U	E	S	P	Z	A	I
I	G	B	E	D	A	L	H	L	A	Q	C	D	C	F	I	O	N
L	E	E	S	D	P	E	R	L	E	N	H	U	H	E	Q	B	G
B	R	D	S	E	V	E	D	E	K	O	Ü	J	E	R	R	O	E
E	S	Z	E	C	E	D	U	K	D	W	S	A	L	Z	C	H	L
R	T	F	R	A	Q	T	R	I	U	O	W	S	N	G	E	N	D
L	E	E	D	S	P	E	E	R	S	P	I	T	Z	E	N	E	K
S	W	O	W	E	I	Z	E	N	L	S	E	D	D	A	W	N	L

3.

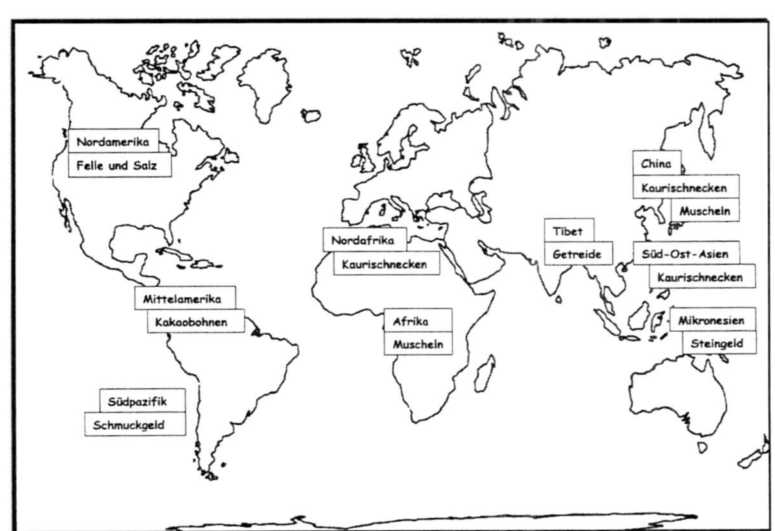

4. Individuelle Lösungen.

KOHL VERLAG
Lernwerkstatt Die Geschichte des Geldes
Vom Tauschgeschäft zur Kreditkarte – Bestell-Nr. 11 504

XXVI. Die Lösungen

Kapitel IV Hack- und Wägegeld

1. ein halber Barren ein Drittel Ring ein Viertel Stab

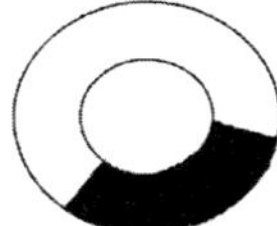

Kapitel V Die ersten Münzen im 7. Jahrhundert v. Chr.

1.
a) Die schraffierte Fläche entspricht den Meeren.
b) Heute haben Griechenland, Bulgarien und die Türkei Anteile an Thrakien.
d) Krösus war der unglaublich reiche König der Lyder, die die ersten Münzen erfanden.
e) John Davison Rockefeller, 1839–1937 war ein US-amerikanischer Unternehmer und gilt als einer der reichsten Menschen der Neuzeit. Bill Gates, geb. 1955, gründete 1975 das Unternehmen Microsoft. Er gilt als einer der reichsten Männer der Welt.

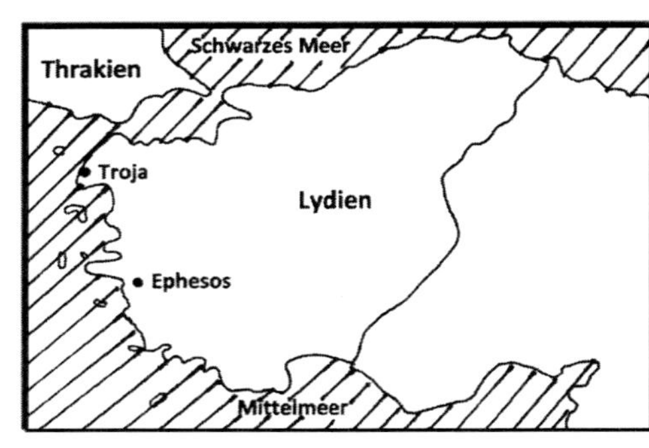

Kapitel VI Die Griechen und die Römer

1.
a) Als Hochkultur wird eine frühe Gesellschaftsordnung bezeichnet, die fortschrittlicher und weiter entwickelt war als andere Kulturen, z. B. in der Schrift, in der Landwirtschaft oder dem Militär.
b) Zu den weiteren frühen Hochkulturen gehörten die Chinesen, die Ägypter, die Inkas, Mayas und Azteken.

2. Alexander der Große lebte von 356 v. Chr. bis 323 v. Chr. Zu seinem Reich gehörten die heutigen Staaten Griechenland, Türkei, Irak, Iran, Syrien, Israel und Ägypten (siehe Karte 1).

3. Kaiser Augustus lebte von 63 v. Chr. bis 14 n. Chr. Zu seinem Reich gehörten die heutigen Staaten Italien, Spanien, Portugal, England, Marokko, Tunesien, Ägypten, Griechenland, Österreich, Deutschland, Schweiz (siehe Karte 2).

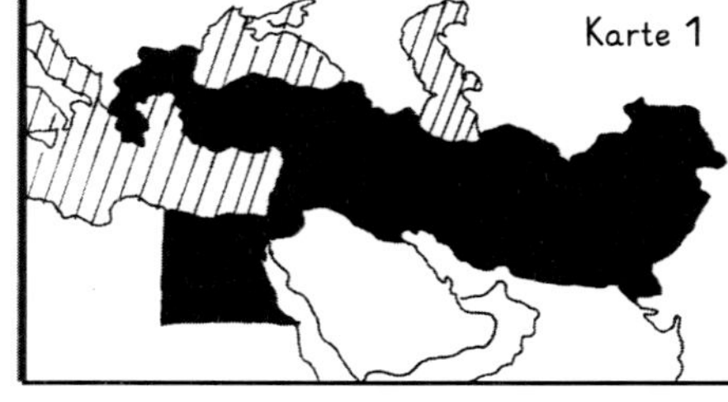

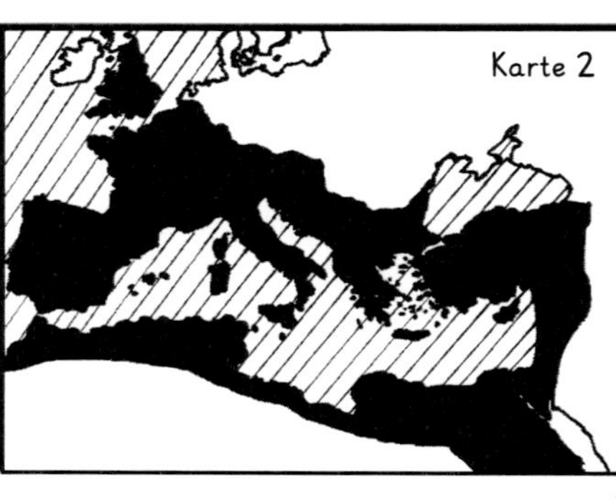

Kapitel VII Eine gemeinsame Währung im Frankenreich

1.
a) Pippin, der Jüngere lebte von 714 bis 768.
b) Karl der Große lebte von747 bis 814.
d) Zum Frankenreich gehörten Österreich, Schweiz, Deutschland, Frankreich, zum Teil Italien.

Kapitel VIII Viele verschiedene Pfennige

1. Münzen prägen durften: der König, Herzöge und Grafen, Bistümer, Abteien, Orden und jeder Ort, der das Stadtrecht erhielt.

2.

				K	O	E	N	I	G
			G	R	A	F	E	N	
	S	T	A	E	D	T	E		
B	I	S	T	U	E	M	E	R	
	H	E	R	Z	O	E	G	E	
	A	B	T	E	I	E	N		
			O	R	D	E	N		

Lernwerkstatt Die Geschichte des Geldes – Vom Tauschgeschäft zur Kreditkarte – Bestell-Nr. 11 504
KOHL VERLAG

XXVI. Die Lösungen

Kapitel IX Das erste Papiergeld

1.

1		M	Ü	N	Z	**G**	E	L	D									
2		S	C	H	W	**E**	R											
3	A	B	Z	Ä	H	**L**	E	N										
4						**D**	E	P	O	T	S	C	H	E	I	N		
5						**V**	O	R	L	Ä	U	F	E	R				
6	K	A	U	F	L	**E**	U	T	E									
7				V	E	**R**	S	E	H	E	N							
8						**K**	O	N	T	R	O	L	L	I	E	R	E	N
9	F	I	G	U	R	**E**	N											
10	F	Ä	L	S	C	**H**	U	N	G	S	S	C	H	U	T	Z		
11	P	A	P	I	E	**R**	G	E	L	D								

2.

A	Das erst europäische Papiergeld gab es in Spanien.
B	Das war im Jahre 1483.
C	1609 gab es Papiergeld von einer Bank in Amsterdam.
D	1661 gab ein Privatbank in Stockholm Papiergeld aus.
E	Der französische Finanzminister verteilte zwischen 1718 und 1720 Banknoten. Das war allerdings nicht von Erfolg gekrönt.
F	Im 18. Jahrhundert gab es in Sachsen und Preußen Staatspapier und Tresorscheine.
G	In Wien (in Österreich-Ungarn) gab es um 1800 erste Banknoten.
H	In Deutschland gab es erst ab dem 19. Jahrhundert Banknoten.

3. In dieser Reihenfolge: Bankier, 1671 bis 1729, Papiergeld, Garantie, Edelmetalle, Staat, Finanzminister, Banknoten

4. Zusammengehörende Paare:
Spanien – 1483; Amsterdam – 1609; Stockholm – 1661; Frankreich – 1718-1720; Sachsen/Preußen – 18. Jahrhundert; Deutschland – 19. Jahrhundert

5. So sollten die Scheine aussehen:
(Die Noten stammen aus Schweden, Deutschland und China.)

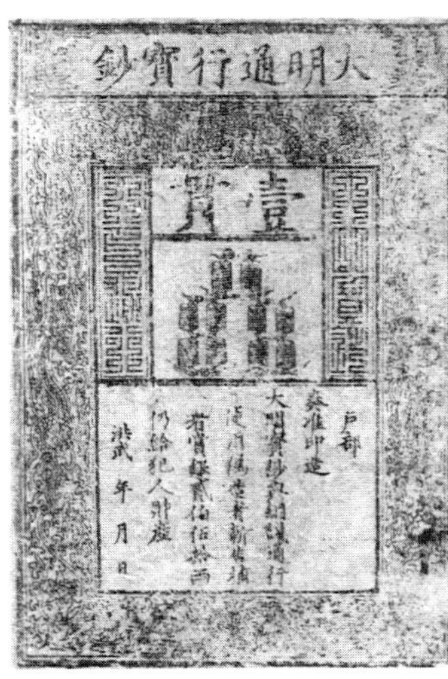

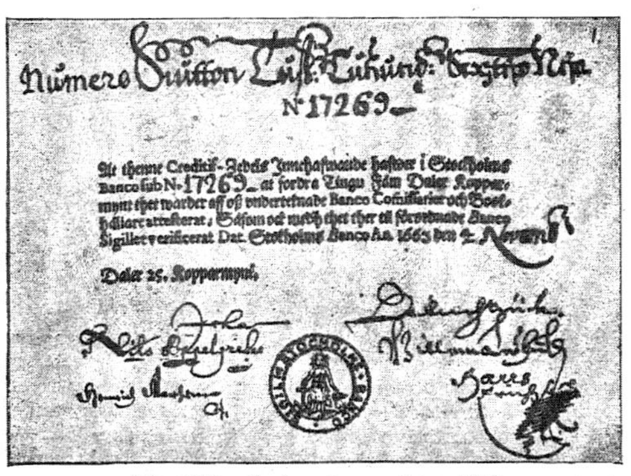

Schwedisches Papiergeld vom Jahre 1663.

XXVI. Die Lösungen

Kapitel X — Der Taler

1. a) Für 1 kg Gold erhält man 68 kg Silber.
   b) Für 1 kg Silber erhält man knapp 88 kg Kupfer.
2. a) Das waren 3 Groschen.
   b) Nein, 9 Kreuzer sind 36 Pfennig, du hast nur 15 Pfennig.
   c) Du musst 21 Kreuzer bezahlen.
   d) Du bekommst 39 Kreuzer zurück.
   e) Der Lehrer erhielt jährlich 135 Euro, dazu 1440 Liter Halbfrucht, 180 Liter Mais und 11,56 m² Stroh.
   f) Der Pfarrer erhielt jährlich 225 Euro, 3 120 Liter Halbfrucht und 17,3 m² Brennholz.

Kapitel XI — Gold wird Währungsstandard

1. Zusammengehörende Paare: 1 – B, 2 – D, 3 – A, 4 – C

Kapitel XII — Die Mark

1. Lösung siehe Tabelle und Grafik rechts.

B	Hannover
C	Frankfurt
G	Karlsruhe
F	Stuttgart
D	München
J	Hamburg

Kapitel XIII — Inflation

1. a) Die Million besteht aus einer Eins, gefolgt von sechs Nullen, also „1 000 000".
   b) Das Zahlwort Milliarde steht für eine Zahl mit einer Eins und neun Nullen, also „1 000 000 000".
   c) Das Zahlwort Billion bezeichnet im deutschen Sprachraum eine Zahl mit einer Eins und zwölf Nullen, also „1 000 000 000 000".
2. Individuelle Lösungen.

Kapitel XIV — Buchgeld und Girokonto

1. a) In Italien bedeutet „Il giro" Umlauf. Das Geld auf den Konten kam in Umlauf.
   b) Miete, Strom, Telefon, Versicherungen usw. werden automatisch abgebucht. So vergisst man diese Zahlungen nicht.
   c) Wenn man nicht laufend sein Konto kontrolliert, kann man schnell zu viel Geld ausgeben.

Kapitel XV — Kreditkarten

1. Individuelle Lösungen.
2. Weltweit anerkannt sind die Kreditkarten MasterCard, Visa, American Express und Diners Club.
3. Mit einer Geldkarte kann man nur die Beträge zahlen, die schon auf der Karte gespeichert sind, also die, die man schon bezahlt hat.
   Eine Kreditkarte wird später abgerechnet. Man kann damit also auch bezahlen, wenn gar kein Geld mehr auf dem Konto ist. So kann man schnell Schulden machen!

Lernwerkstatt Die Geschichte des Geldes
Vom Tauschgeschäft zur Kreditkarte – Bestell-Nr. 11 504
KOHL VERLAG

XXVI. Die Lösungen

Kapitel XVI Bankgeschäfte per Internet

1. c

Kapitel XVII Die Geschichte des EURO

1. Die richtige Reihenfolge ist: M H L J G F D B K A E I C

Kapitel XVIII Die EURO-Münzen

1.

Deutschland	Belgien	Frankreich	Niederlande	Spanien	Italien
der Bundesadler	König Albert II.	Sinnbild Baum	Königin Beatrix	König Jaun Carlos I.	Motiv von da Vinci

2.

Deutschland	D-Mark und Pfennig	Österreich	Österreichische Schilling
Frankreich	Französische Franc	Irland	Irische Pfund
Italien	Italienische Lira	Finnland	Finnmark
Belgien	Belgische Franc	Griechenland	Griechische Drachmen
Niederlande	Niederländische Gulden	Spanien	Spanische Peseten
Luxemburg	Luxemburgische Franc	Portugal	Portugiesische Escudos

Kapitel XIX Die Eurozone heute

1. EU-Länder (noch) ohne Euro Währung sind: Bulgarien, Dänemark, Großbritannien, Lettland, Litauen, Polen, Rumänien, Schweden, Tschechische Republik, Ungarn

Kapitel XX Die Entwicklung des Geldes am Zeitstrahl

1.

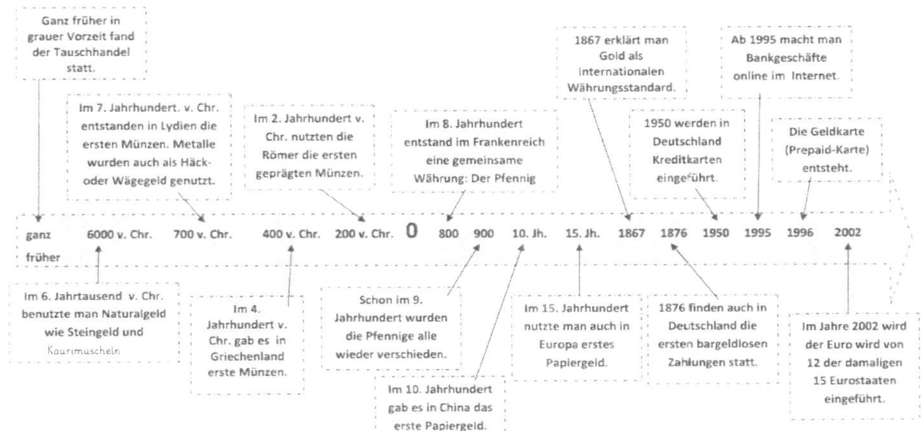

Kapitel XXII Die Geschichte des Geldes nach Bildern

1. Lösungswort: Buchgeld

KOHL VERLAG
Lernwerkstatt Die Geschichte des Geldes
Vom Tauschgeschäft zur Kreditkarte – Bestell-Nr. 11 504

XXVI. Die Lösungen

Kapitel XXIII Geldsprichwörter

1. So lauten die Sprichwörter:
   - Geld regiert die Welt
   - Zeit ist Geld
   - Geld verdirbt den Charakter
   - Geld alleine macht nicht glücklich
   - Wer den Pfennig (oder den Cent) nicht ehrt, ist des Talers (Euros) nicht wert!
   - Bei Geld hört die Freundschaft auf
   - Ohne Moos nichts los

Kapitel XXIV Buchstabensalat und Fehlertext

1.

1	e n t e K	Knete
2	s t e r a Z	Zaster
3	e n n e t o M	Moneten
4	ä s u M e	Mäuse
5	K i p a l t a	Kapital
6	r ö t K e n	Kröten
7	n a m M o m	Mammon
8	s i K e	Kies
9	s a r e B	Bares
10	K o e h l	Kohle
11	s o M o	Moos
12	g r a B e l d	Bargeld

2. Korrigierter Text:

Der „Pfennig" blickt auf eine lange Geschichte zurück: Er war vom 8. bis zum 13. Jh. die wichtigste Münze in Deutschland. Mit ihm war einfach zu rechnen, denn es gab nur 1-Pfennig-Münzen. Als „Silberpfennig" war er viel wertvoller als der uns bekannte Kupferpfennig.
Nach dem Pfennig gab es eine große Zahl „deutscher" Münzen. Deutschland war in über 300 kleine Staaten zerteilt, von denen die meisten ihr eigenes Geld prägten. Bei einer Reise von München nach Hamburg musste man viele verschiedene „Währungen" in der Tasche haben, wollte man sich jederzeit etwas zu essen oder zu trinken kaufen können.
Dieser Zustand wurde erst 1871 beendet. Mit der Reichsgründung wurde eine einheitliche deutsche Währung geboren: Die Mark zu 100 Pfennig. Die „D-Mark" gab es seit der Währungsreform von 1948, bis sie im Jahr 2002 vom Euro abgelöst wurde.

Lösungssatz: Geld bedeutet Macht

3. Negative Beispiele: Geld wird von tyrannischen Herrschern für Krieg gebraucht, positive Beispiele: Spenden und Hilfe sind durch Geld möglich.